KIM-ANNE JANNES

Das innere
Kind umarmen

KIM-ANNE JANNES

Das innere Kind umarmen

Die Kraft der Gefühle nutzen und Verhaltensmuster ändern

Knaur

MensSana

Besuchen Sie uns im Internet: **www.droemer-knaur.de**
Alle Titel aus dem Bereich MensSana finden Sie im
Internet unter **www.knaur-mens-sana.de**

Deutsche Erstausgabe 2008
Copyright © 2008 der deutschsprachigen Ausgabe Knaur Verlag
Ein Unternehmen der Droemerschen Verlagsanstalt
Th. Knaur Nachf. GmbH & Co. KG, München
Alle Rechte vorbehalten. Das Werk darf – auch teilweise –
nur mit Genehmigung des Verlags wiedergegeben werden.
Redaktion: Katrin Ingrisch
Abbildung: Kim-Anne Jannes
Umschlaggestaltung: ZERO Werbeagentur, München
Umschlagabbildung: Kim-Anne Jannes
Satz und DTP: Gaby Herbrecht
Druck und Bindung: CPI Ebner & Spiegel, Ulm
Printed in Germany
ISBN 978-3-426-65618-1

2   4   5   3   1

Für Annabelle

Inhalt

Vorwort

Es erfüllt mich mit tiefer Dankbarkeit, Ihnen mein Wissen nun in Buchform zur Verfügung stellen zu können. Mich persönlich hat die Arbeit mit dem inneren Kind zu einem sehr glücklichen und erfüllten Menschen werden lassen. Nach jahrelanger Suche und Sehnsucht kam ich dadurch bei mir selbst an. Es war, als würde man mir noch einmal das Leben schenken.

Ich danke Gott und all den lieben Menschen, dass sie mir halfen, zu der zu werden, die ich heute bin.

Keine Erfahrung war umsonst, jeder Mensch in meinem Leben erfüllte eine wichtige Aufgabe und trug zu dieser Selbstfindung bei.

Ich hoffe, ich kann mit diesem Buch einen Beitrag dazu leisten, dass auch anderen Menschen dieses Glück zuteil wird. Denn ich glaube nicht, dass Gott »Lieblingskinder« hat!

Kim-Anne Jannes

EINFÜHRUNG

Zu Beginn möchte ich Ihnen kurz erläutern, wie dieses Buch aufgebaut ist. Diese Struktur ist sehr wichtig und ausschlaggebend für ein erfolgreiches Ergebnis, und das wünsche ich Ihnen von ganzem Herzen. Es ist für die Arbeit mit dem inneren Kind von Vorteil, dass Sie vor dem praktischen Teil nicht mit zu viel theoretischen Informationen überfrachtet werden. Sie bleiben dadurch unvoreingenommen, und Ihr Verstand kann Ihnen nicht in die Quere kommen. Sie können sich so voll und ganz auf die Übungen konzentrieren und müssen sich keine Gedanken darüber machen, ob Sie das eine oder andere bereits verstanden haben. Da es ja darum geht zu fühlen, gebe ich Ihnen im ersten Kapitel nur so viele Erklärungen, wie Sie unbedingt brauchen, um zu verstehen, und trotzdem genug Input, damit Ihr Kopf beschäftigt ist. Denn der Verstand hat ja schließlich immer Fragen, die nach einer Antwort suchen.

Mit diesen einführenden Informationen ausgerüstet gelangen Sie dann schon zu den ersten praktischen Übungen. Die Aha-Erlebnisse sind einfach größer, wenn Sie im Vorfeld noch nicht über die Methode nachgedacht haben.

Im dritten Teil findet die Verarbeitung und Analyse dessen statt, was Sie zuvor erlebt haben. Das heißt, dass Sie auf Ihr heißgeliebtes »Kopfzerbrechen« nicht gänzlich verzichten müssen, es sollte einfach nur zum richtigen Zeitpunkt stattfinden. Das Erlebte und die daraus gewonnenen Erkenntnisse werden in diesem Abschnitt sortiert, und Ihr tiefes, individuelles Potenzial kann so aktiviert werden.

Anschließend bekommen Sie einfache Möglichkeiten an die Hand, wie dieses Wissen nun auch im täglichen Leben umgesetzt werden und zu einer großen Bereicherung führen kann. In der praktischen Verbindung mit dem Alltag werden sich Ihre Erkenntnisse vertiefen.

Abschließend werden die Zusammenhänge zu den eigenen Kindern hergestellt, damit auch diese etwas von Ihrer Bemühung haben. Es ist doch ein schöner Gedanke, unsere Kinder durch Bewusstwerdung unserer selbst zu entlasten, oder? Dann müssen sie unser Fehlverhalten nicht übernehmen und weiterleben, sondern können sich voll und ganz auf ihren eigenen, wunderbaren Weg konzentrieren.

Nach vielen Übungen finden Sie Platz für Ihre persönlichen Notizen, für einige werden Sie zusätzlich Papier und Stift benötigen. Der Sinn und Zweck ist einfach der, dass Sie am Schluss alles kompakt im Buch zusammen und somit direkt zur Hand haben, falls Sie irgendwann einmal etwas nachlesen möchten. Die sogenannte *Zettelwirtschaft* kann auf diese Weise umgangen werden, und das Buch wird zu Ihrem ganz persönlichen Exemplar. Wenn Sie jedoch lieber nicht in das Buch hineinschreiben wollen, können Sie sich natürlich auch ein Extraheft dafür anlegen, in dem Sie Ihre Erfahrungen und Gedanken aufbewahren können.

Entwicklung der Methode

Es war ein längerer Prozess, bis ich eine ausgereifte Form dieser Methode erarbeitet hatte. Ich selbst habe an verschiedenen Seminaren zum Thema inneres Kind teilgenommen, aber ein wichtiger Aspekt fehlte mir jedes Mal: Wie geht man mit den Gefühlen um, die durch die Seminare und die damit einhergehenden Erfahrungen entstehen? Worin genau besteht der Nutzen für den Alltag? Ich hatte das Gefühl, dass eine wichtige Grundlage fehlte, um das Gelernte auch wirklich praktisch umsetzen zu können.

So entwickelte ich von Jahr zu Jahr mehrere Methoden und Übungen, indem ich darüber las, vieles ausprobierte und die Praktiken dann immer weiter ausbaute. Ich wollte verstehen, was hinter diesem Persönlichkeitsanteil, dem inneren Kind, wirklich steckt. Denn wenn das Verständnis fehlt, fällt Akzeptanz gewöhnlich sehr schwer.

Also suchte ich mir Puzzlestück für Puzzlestück zusammen. Die meisten Erkenntnisse bekam ich, indem ich beobachtete. Mein geistiger Helfer[1] erklärte mir schließlich die Dinge, welche ich nicht verstand. Er nannte mir Übungen und sagte mir, wie ich die Teile zusammenfügen und verknüpfen müsse. Langsam komplettierte sich das Ganze zu einem Gesamtbild. Mir wurden schnell die Parallelen zu den eigenen Kindern klar. Und damit war auch eine wichtige Motivation gegeben. Aber letztendlich hat alles mit einem Gefühl begonnen.

Kapitel 1

GRUNDLAGEN

Was ist überhaupt das innere Kind?

Es gibt bereits viele Versuche, das »innere Kind« zu beschreiben. Manche nennen es »das Kind in uns«, manche die »unvernünftige«, verspielte Seite im Menschen. Es ist allerdings weitaus mehr als nur das. Das innere Kind ist sozusagen zuständig für die Emotionen, so etwas wie ein persönlicher Berater, der darauf achtet, dass es einem gutgeht. Dieser persönliche Anteil kennt alle Bedürfnisse, weiß, worüber man sich ärgert, worüber man sich freut und was einen glücklich macht. Individuelle Träume, Ideen, Erinnerungen, aber auch Ängste haben dort ihr Zuhause. Aber vor allem ist es das Zentrum der Lebenslust! Es ist gleichbedeutend und gleichzusetzen mit dem »Emotionalkörper«, über den Sie später noch mehr erfahren werden. Das innere Kind ist einfach gesagt der Anteil in uns, der für unsere gesamte Gefühlswelt zuständig ist.

Jeder Mensch wünscht sich ein glückliches und zufriedenes Leben. Aber warum ist das eigentlich so schwierig? Gerade wenn man das Gefühl hat, alles läuft gut, dauert es nicht lange, und es wird wieder kompliziert. Der Frust darüber lässt natürlich nicht auf sich warten, und die

Freude über ein schönes, vorheriges Erfolgserlebnis verabschiedet sich in rasender Geschwindigkeit. Was wiederum Frust auslöst usw., usw. Man fühlt sich handlungsunfähig, ist unzufrieden mit sich selbst und seinen Entscheidungen, geht faule Kompromisse ein, die natürlich viel Kraft kosten … Diese Liste könnte man lang fortsetzen. Der eine oder andere hätte da sicher noch ein paar Anregungen.

Dann kommt plötzlich ein Motivationsschub: »Das mache ich nicht mehr mit« oder »Das lass ich mir nicht mehr gefallen, ab heute weht ein anderer Wind!« Man nimmt sich vor, ab jetzt mehr auf sich selbst zu hören, mehr Rücksicht auf die eigenen Bedürfnisse zu nehmen, sich etwas Gutes zu tun. Aber meist hat einen der Alltag binnen kurzer Zeit zurück. Die guten Vorsätze schwinden dahin, und das Spiel beginnt von vorn, bis zum nächsten Motivationsschub. Je mehr man versucht, gegen diesen Teufelskreis anzusteuern, desto schwieriger wird es. Wenn man sich mit einem Umstand in seinem Leben nicht wohl fühlt, dann kann man noch so viele Argumente dafür finden, glücklicher aber wird man dadurch nicht. Man braucht kein Psychologe zu sein, um zu begreifen, dass solch ein Leben unerfüllt bleiben muss. Was darin fehlt, sind Selbstliebe, wirkliche Gelassenheit, Selbstachtung und ein fester Anker in einem selbst.

Die Arbeit mit dem inneren Kind ist eine einfache Möglichkeit, um durch eigene Kraft dazu beizutragen, glücklicher und zufriedener zu leben.

Welchen Nutzen bringt die Arbeit mit dem inneren Kind im Alltag?

Durch die Auseinandersetzung mit dem inneren Kind bekommt man Zugriff auf ein sehr wichtiges Potenzial: die eigenen Gefühle. Man lernt, diese Kraft zu beherrschen und sie somit bewusst zu nutzen. Wenn aber diese Kraft den Menschen beherrscht, dann ist das für seine persönliche Entwicklung sehr hinderlich. Das folgende Beispiel veranschaulicht die Auswirkungen:

Man streitet sich mit dem Partner, weil er gestresst und mies gelaunt nach Hause gekommen ist. Eine innere Stimme sagt: »Sei einfach ruhig, er/sie ist nur gestresst und hat sich eigentlich über etwas ganz anderes geärgert. Er/Sie muss sich kurz *ausrauchen*, dann entspannt sich die Situation.« Hört man auf diese Stimme und beherrscht sich bzw. das in einem aufsteigende Gefühl, so werden sich die Wogen schnell glätten, und der Partner entschuldigt sich für seinen Auftritt (keine Gewähr für Ausnahmen!). Tut man das nicht und verliert die Selbstbeherrschung, feuert man also mit Worten zurück, so ist höchstwahrscheinlich der restliche Abend im Eimer.

Selbstbeherrschung muss gar nichts Negatives sein, sondern ist mitunter eine sehr nützliche Fähigkeit. Beherrscht man sich allerdings aus Angst vor den Konsequenzen, so ist das eher undienlich.

Man kann sich das Potenzial der Gefühle auch wie einen starken, unerzogenen Hund vorstellen: Hat man eine tiefe, vertrauensvolle Verbindung zu ihm, dann wird er einen beschützen, einem helfen und treu zur Seite stehen. Besteht diese Verbindung nicht, und man hat vielleicht sogar Angst vor ihm, so kann es passieren, dass er beißt, einem Verletzungen zufügt und schadet.

Gefühle haben allerdings noch andere Aufgaben. Sie können auch dabei helfen, gute Entscheidungen zu treffen. Entscheidungen, die glücklich machen, mit denen man sich wohl fühlt. Das setzt allerdings voraus, dass man spürt, was einem guttut und was nicht. Wenn man vor einer Entscheidung steht – das tut man übrigens andauernd und tagtäglich –, gibt es zwei Wege, sie zu treffen: Man sucht nach Argumenten, die dafür oder dagegen sprechen, überlegt also, was wohl das Vernünftigste wäre. Oder man fragt sich, welche Möglichkeit sich besser anfühlt.

Mit welcher Herangehensweise wird man sich am Ende wohl besser fühlen?

Übrigens, Entscheidungen, die mit einem guten Gefühl verbunden sind, können gleichzeitig auch vernünftig sein. Das ist kein grundsätzlicher Widerspruch.

Ist man also im Einklang mit der Kraft der Gefühle bzw. mit dem inneren Kind, so können Entscheidungen zufriedenstellend (meist sogar für alle Beteiligten) getroffen werden.

Im Alltag bedeutet dies, dass viele Bedürfnisse nicht mehr untergehen, erfüllt sind und man sie wieder einen Tag lang wirklich gelebt hat.

Das Ziel dieser Methode

Meist sind ohne böse Absicht der Eltern in der Kindheit emotionale Defizite entstanden. Das bedeutet, dass wichtige Bedürfnisse nicht erfüllt wurden und dadurch emotionaler Mangel zurückbleibt. Wenn man darauf hofft, dass andere Menschen diese Löcher stopfen (»Er bringt mich zum Lachen« oder »Durch sie fühle ich mich lebendig, geliebt und schön«, usw.), wird man immer wieder Schiffbruch erleiden. Mit der Methode, die in diesem Buch erklärt wird, lernt man, eigene Bedürfnisse selbst zu stillen und zu erfüllen, ohne dies auf Kosten anderer zu tun. Das bedeutet, dass man unabhängig von anderen Menschen dafür sorgen kann, dass es einem gutgeht. Alles, was man in der Kindheit vermisst hat, kann man sich selbst geben, wie z. B. Trost, Verständnis, Geduld, Achtung, Aufmerksamkeit und Liebe. Das ist jederzeit und überall möglich, ohne lange vorher zu meditieren und ohne vorher bestimmte Rahmenbedingungen schaffen zu müssen: einfach im Alltag.

Man lernt dadurch, mit sich selbst so umzugehen, wie man es sich von den eigenen Eltern gewünscht hätte. Man sollte für sich selbst die Rolle *guter Eltern* übernehmen!

Warum arbeitet man mit einer bildlichen Vorstellung?

Das innere Kind ist die symbolische und bildliche Vorstellung unseres *Emotionalkörpers*. Es ist ein inneres Bild, eine innere Stimme, die man in seinen Gedanken wahrnehmen kann. Es ist der Teil im Menschen, der einen fühlen lässt. Durch die Arbeit mit inneren Bildern lernt man, sich selbst besser zu verstehen, und man erkennt die Möglichkeiten, die sich dadurch ergeben. Man begreift, wie man die eigenen Gefühle am sinnvollsten integrieren kann und wie sie zum Kompass für das Leben werden können.

Aber was genau ist nun der Emotionalkörper?

Jeder Mensch hat ein Energiefeld, welches sich aus mehreren Schichten zusammensetzt. Man kann sich das wie die Luftschichten um unseren Erdball vorstellen. Eine dieser Schichten nennt man Emotionalkörper. Dieser Körper speichert alles ab, was einem im Leben begegnet und Gefühle erzeugt. So ähnlich wie ein Computer. Das heißt, alle Gefühle, die jemals empfunden wurden, werden dort abgelegt. Das bedeutet auch, dass dort nicht nur alte Verletzungen geparkt sind, sondern auch die Lösungen dafür! Damit diese Kapazität aber nicht brachliegt, sondern in positives Potenzial und Kreativität umgewandelt werden kann, sollte man sich diesen Bereich erobern und ihn wieder bewusst leben. Wenn man diesen Weg einschlägt, dann ist man so etwas wie ein Abenteurer, der sich auf die Reise begibt. Im Gepäck hat dieser kleine Held nur eine vage Vorstellung davon, was ihn erwartet. Was ihn antreibt, sind Neugier, Reiselust, seine Vorstellungskraft und die Hoffnung.

Spricht man von inneren Bildern, dann sind genau die gemeint, die im Kopf entstehen. Man sieht sie vor dem geistigen Auge und nicht wirklich in Fleisch und Blut vor sich stehend. Es ist in etwa so, als würde man sich an die Bilder aus einem vergangenen Traum erinnern. Und das geht ja schließlich auch.

An dieser Stelle sei noch etwas Wissenswertes erwähnt: Genau diese Art der Bilder im Kopf nennt man Hellsehen. Hellsehen findet (bis auf Ausnahmen!) nicht mit den Augen, sondern mit diesem inneren Sinn statt.

Ein einfaches Beispiel zeigt, dass jeder Mensch dazu in der Lage ist: Stellt man sich einen Sonnenuntergang am Meer vor, so wird dieser vor dem geistigen Auge erscheinen. Das ist eine völlig natürliche Fähigkeit, denn alle Sinne, die man auf der körperlichen Ebene hat, existieren auch auf der geistigen. Man nennt es dann einfach *Hell*-sehen, *Hell*-hören usw. Genau wie die körperlichen Sinne können auch diese geistigen Entsprechungen verkümmern, die sich allerdings durch Übung wieder regenerieren lassen und entwickeln können. Das bedeutet, dass jeder Mensch hellsichtig ist, man diese Anlage allerdings nicht bewusst genug nutzt. Die Werbung hingegen setzt diese menschliche Fähigkeit bewusst ein, um den potenziellen Käufer unterschwellig mit Informationen zu versorgen.

Der Mensch denkt also in Bildern, und deshalb reagiert er sehr schnell und stark auf sie. Jeder Gedanke wird von Bildern begleitet, obwohl man es oft nicht einmal registriert. Jedes Bild erzeugt nun aber auch ein Gefühl. Im Traum verarbeitet man Erlebtes mit Hilfe innerer Bilder, ganz unabhängig davon, ob man sich nun morgens daran erinnert oder nicht. Man nimmt unendlich viele Bilder auf, der ganze Alltag besteht aus ihnen. Man begreift das Leben zu einem großen Teil über die visuelle Wahrnehmung. Sie verschafft scheinbar den ersten Eindruck von einer Situation und wird sofort mit einem Gefühl verknüpft. Selbst Bilder, die nicht bewusst gesehen werden, werden wahrgenommen, verarbeitet, und man reagiert auch darauf. Bilder spielen also im Leben des Menschen eine enorme Rolle, sie helfen zu erfassen, zu erkennen und zu verstehen. Deshalb ist es sinnvoll, die Möglichkeiten der visuellen Vorstellungskraft für die Arbeit mit dem inneren Kind zu nutzen. Dabei projiziert man sozusagen die Gefühle wie Bilder auf eine innere Leinwand und so kann man sie in Ruhe betrachten und verstehen.

Hilfreiche Tipps, bevor Sie beginnen

Da Sie es bei dieser Methode mit dem Emotionalkörper zu tun haben, sollten Sie sich darüber im Klaren sein, dass verschüttete Erinnerungen aus Ihrer Kindheit in Ihnen aufsteigen können.

Es ist sinnvoll, mit dieser Arbeit nur dann zu beginnen, wenn Sie auch wirklich bereit sind, diesen Weg zu Ende zu gehen und die Übungen der Reihenfolge nach auszuführen, da sie aufeinander aufbauen. Wenn Sie zwischendurch die zart gewachsene Verbindung zu Ihrem inneren Kind wieder unterbrechen, dann wird es beim nächsten Mal um einiges schwieriger, denn Sie haben Vertrauen in sich selbst verloren.

Sollten Sie bereits mit dem Potenzial des inneren Kindes vertraut sein, können die folgenden Übungen Ihre bisherige Verbindung stärken und komplettieren.

Kapitel 2

BASISÜBUNGEN

Möglichkeiten der Kontaktaufnahme

Sie arbeiten nun mit Ihrer Vorstellungskraft. Keine Sorge, die besitzt wirklich jeder Mensch! Bitte bewerten und analysieren Sie erst mal nichts von dem, was Sie »sehen« und wahrnehmen. Dafür bleibt Ihnen später noch genug Zeit. Sie können einige der folgenden Übungen über die beigefügte CD abspielen, damit Sie sie nicht Schritt für Schritt ablesen müssen und sich voll und ganz darauf konzentrieren und einlassen können.

Visualisieren des inneren Kindes

Diese Übung dient der ersten Kontaktaufnahme und schafft die Basis für den zukünftigen Austausch zwischen Ihnen und Ihrem inneren Kind. Suchen Sie sich einen ruhigen, bequemen Platz, an dem Sie sicher eine Viertelstunde ungestört sein können. Wenn Sie sich Ihre Erlebnisse später notieren wollen, dann legen Sie sich einen Stift bereit. Im Anschluss an die Übung finden Sie Platz für Ihre Notizen. Allerdings sollten Sie erst mit dem Schreiben beginnen, wenn die Übung abgeschlossen ist.

ÜBUNG

Schließen Sie die Augen, und stellen Sie sich nun bitte ein Kind vor. Allerdings kein Kind, das Sie kennen (wie z. B. eigene Kinder). Es spielt keine Rolle, welches Geschlecht oder welche Hautfarbe dieses Kind hat. Einfach ein Kind. Vielleicht tauchen auch Bilder von Ihnen selbst als Kind auf. Entspannen Sie sich einfach und warten Sie ab, welches Bild sich in Ihrer Vorstellung formt und stabilisiert.

Dieses Kind sollte nicht älter als elf Jahre sein. Falls nun ein kleiner Jugendlicher vor Ihnen steht, dann bitten Sie in Gedanken nochmals um ein Kind und warten Sie ab, was passiert. Es kann sehr, sehr schnell gehen, dass Sie vor Ihrem inneren Auge etwas wahrnehmen, aber es ist auch kein Problem, wenn es etwas dauert, bis sich ein Bild entwickelt.

Nun schauen Sie sich das Kind vor Ihrem geistigen Auge mal an. Wie alt ist es etwa, welche Körperhaltung hat es eingenommen, wie ist sein Gesichtsausdruck? Welchen Eindruck macht dieses Kind auf Sie? Versuchen Sie diesen Eindruck in Gedanken so genau wie möglich zu formulieren. Eine kleine Hilfestellung dazu ist folgender Satz: »Das Kind wirkt auf mich wie ...« Sobald Sie diesen Eindruck formuliert haben, notieren Sie ihn kurz.

Schließen Sie wieder die Augen und lassen Sie erneut das Bild von dem Kind vor Ihrem geistigen Auge entstehen. Stellen Sie sich vor, Sie würden mit dem Kind ein Gespräch beginnen. Begrüßen Sie es, und fragen Sie nach dem Namen und wie es ihm oder ihr geht. Es ist möglich, dass es sofort »antwortet«, es kann aber auch passieren, dass es sich abwendet und verschwindet. In diesem Fall müssen Sie etwas Geduld haben und es zu einem anderen Zeitpunkt nochmals versuchen.

Wichtig ist, dass das Kind in Kindersprache antwortet! Denn wenn Sie eine erwachsene Antwort, wie z. B.: »Ich bin zur Zeit sehr ausgeglichen und stressfrei«, bekommen, dann hat sich Ihr Verstand eingeschlichen. Aber das kommt ja in den besten Familien vor. Versuchen Sie es dann einfach nochmals in Kindersprache.

Geben Sie dem inneren Kind das Gefühl, dass Sie sich für es interessieren. Fragen Sie gedanklich nach dem Lieblingstier, der Lieblingsfarbe, dem Lieblingsessen usw. Sagen Sie dem Kind etwas Freundliches, wie z. B.: »Ich finde dich sehr nett, süß«, oder was Ihnen sonst noch in den Sinn kommt, und dann schauen Sie mal, wie es darauf reagiert.

Kann es mit diesem Kompliment umgehen oder reagiert es mit einer misstrauischen, zurückhaltenden Geste? In letzterem Fall seien Sie nicht enttäuscht, denn das Kind hat gute Gründe für dieses Verhalten.

Die Kontaktaufnahme ist zu vergleichen mit der Situation, wenn man ein fremdes Kind bei sich aufnimmt. Sie müssen zuerst einmal Vertrauen schaffen, denn das ist die Basis für eine gute Verbindung. Nur so werden Sie die Geschichte, die Freuden und auch die Ängste dieses kleinen Wesens erfahren. Mit Druck und Eile erreichen Sie eher das Gegenteil. Vielleicht hilft Ihnen dieser Vergleich bei der Kontaktaufnahme mit Ihrem inneren Kind. Gehen Sie behutsam, geduldig und lieb mit ihm um, dann geht es schneller, als Sie vielleicht erwarten. Fragen Sie Ihr inneres Kind, ob es mit dem Namen, den es Ihnen wahrscheinlich vorhin genannt hat, zufrieden ist. Es muss den Namen uneingeschränkt schön finden, Ihnen muss er nicht gefallen. Wenn das Kind den Namen nicht mag, dann überlegen Sie sich gemeinsam eine Variante, wie es ange-

sprochen werden möchte. Wenn Sie sich auf keinen Namen einigen können, dann funktionieren auch Spitznamen wie Engelchen, Liebling, kleine Maus, mein Schatz oder Ähnliches. Probieren Sie es einfach aus, Sie werden schon eine Lösung finden. Der Kreativität sind keine Grenzen gesetzt.

Wenn Sie diese erste Übung hinter sich gebracht haben, notieren Sie sich bitte das Alter, den Namen und den ersten Eindruck, den Sie von dem Kind hatten.

Persönliche Notizen

Das Alter des Kindes spielt eine wichtige Rolle. Es steht für den Zeitpunkt in Ihrem Leben, als die Trennung zwischen Ihnen und Ihrem inneren Kind stattfand. Auslöser für diese Ablösung können traumatische Erfahrungen sein, aber auch konstante schlechte Einflüsse, die in diesem Alter ihren Höhepunkt fanden (siehe Kap. 3).

Sollte noch etwas anderes Eindrückliches passiert sein, können Sie das selbstverständlich auch notieren. Versehen Sie die Notizen mit dem Datum, damit Sie Ihre Entwicklung nach einiger Zeit besser rekonstruieren können. Sie haben nun wichtige Grundlagen geschaffen, auf denen jetzt aufgebaut werden kann. Es ist vergleichbar mit der Grundsteinlegung, wenn man ein Haus baut. Die Reihenfolge spielt eine entscheidende Rolle für das Ergebnis. Sie bauen ja auch nicht zuerst ein Haus und heben danach den Keller aus, um das Fundament zu gießen.

Sollten Sie bei der Übung zwei Kinder *gesehen* haben, so gehen Sie im Ablauf genauso vor, als hätten Sie nur ein Kind wahrgenommen. Haben Sie einen Säugling *gesehen*, bedeutet es nicht, dass Sie nicht kommunizieren können. Kleine Babys können durch ihre Mimik und die Stimme Einverständnis, Abneigung und vieles mehr ausdrücken.

Es gibt kein Falsch und Richtig, wenn es um Gefühle geht. Jede Wahrnehmung hat ihre Berechtigung. Anschließend finden Sie einen Fragenkatalog, den Sie als Grundlage für die erste Kontaktaufnahme benutzen können. Dort sind Fragen aufgelistet, die Sie Ihrem inneren Kind stellen können.

Fragenkatalog

Wie geht es dir?

Wie alt bist du?

Hast du einen Namen?

Hast du eine Lieblingsfarbe?

Hast du ein Lieblingstier?

Was isst du am liebsten?

Was magst du gar nicht?

Was spielst du gerne?

Wovor hast du Angst?

Was macht dir Freude?

Sie können sich diese inneren Kinder wie richtige Kinder vorstellen, allerdings mit einem kleinen, aber feinen Unterschied: Es sind weise Kinder, denen Sie voll und ganz vertrauen können. Im Laufe der Arbeit mit dem inneren Kind kann es vorkommen, dass es sich verändert. Vielleicht wird es größer, mutiger oder redseliger. Diese Veränderung gehört zu Ihrem Entwicklungsprozess, und es wird sich irgendwann ein Bild stabilisieren. Das Kind sollte aber keinesfalls älter als elf Jahre werden, denn dann ist es kein Kind mehr, sondern ein kleiner Jugendlicher.

Körperhaltung, die die Verbindung aktiviert

Die folgende Übung ist wichtig, um Ihre neuen Bewusstseinsschritte auch im Körper zu verankern. Alles, was in den Körperzellen abgespeichert wird, kann als dauerhafte Handlungsgrundlage dienen. Ein Beispiel dafür ist das Fahrradfahren: Wenn der Körper durch Übung gelernt hat, wie es geht, dann kann man sich mit dem Rad irgendwann von A nach B bewegen und bekommt so neue Möglichkeiten, sein Leben zu gestalten. Denkt man allerdings nur darüber nach, wie man wohl Fahrrad fährt, kommt man nicht oder nur sehr langsam zu Fuß von A nach B. Darum ist es wichtig, den Körper einzusetzen, um neue Handlungsspielräume zu erlangen. Es ist ein großer Unterschied, ob man Dinge nur denkt oder ob sie tatsächlich getan werden. Die Handlung ist der letzte Schritt vor der eigentlichen Veränderung. Ein weiteres Beispiel dafür ist folgendes: Sie sind total unglücklich mit Ihrem Partner, und Sie denken schon lange: »Eigentlich müsste ich ihn bzw. sie verlassen und mich trennen.« Sie denken:

»Bei der nächsten Gelegenheit tue ich es!« Aber es wird Ihnen erst dann wirklich bessergehen, wenn Sie es getan haben. Das ist ein simples Beispiel für den Unterschied zwischen der Qualität des Denkens und der Qualität des Handelns.

ÜBUNG

Schließen Sie die Augen, und rufen Sie sich wieder das Bild Ihres inneren Kindes ins Gedächtnis. Es wird nun schon anders auf Sie reagieren, da Sie nun kein Fremder mehr sind. Fragen Sie mal, ob es Ihnen vertraut, und fragen Sie sich selbst, ob Sie dem Kind vertrauen.
(Bitte seien Sie ganz ehrlich zu sich selbst. Es ist völlig in Ordnung, wenn Sie noch kein Vertrauen haben. Schlimmer wäre es, wenn Sie meinen, Sie müssten es schon haben.)

Jetzt fragen Sie das Kind, ob es Lust zum Kuscheln hat und auf Ihren Schoß möchte. Breiten Sie in Ihrer Vorstellung die Arme für das Kind aus, und warten Sie ab, was nun passiert. Kommt es direkt auf Sie zugestürmt, als hätte es schon lange darauf gewartet? Oder ist es eher zurückhaltend und traut sich noch nicht zu diesem Schritt?
(Üben Sie auf keinen Fall Druck aus, denn wenn es jetzt noch nicht klappt, dann braucht das Kind einfach mehr Zeit, um sich Ihnen anzunähern, da es sichergehen muss, dass es sich nicht nur um vorübergehendes Interesse Ihrerseits handelt. Denn zum Kuscheln gehört schließlich eine Menge Vertrauen.
Wiederholen Sie diese Übung ab und zu, bis es funktioniert. Auf diese Weise lernen Sie bereits, mehr Geduld mit sich selbst zu haben.)

Wenn das Kind in Ihrer Vorstellung jetzt ganz nah bei Ihnen ist, dann nehmen Sie Ihre Hände und legen Sie sie dort an Ihren Körper, wo der Kopf und der Po des Kindes wären, wenn Sie es wirklich im Arm hielten. Suchen Sie sich die Körperhaltung, mit der Sie sich wohl und entspannt fühlen. Legen Sie Ihre Hände tatsächlich an Ihren eigenen Körper. Wenn Sie die Hände mit Abstand vor Ihren Körper halten, ist die Intensität der Wahrnehmung geringer. Abgesehen davon, ist es wesentlich bequemer, wenn Sie Ihre Hände auflegen. Versuchen Sie, den Kontakt zu dem Kind körperlich zu spüren, und nehmen Sie dieses Gefühl ganz in sich auf. Es ist nicht wichtig, wenn Sie nun lachen oder weinen müssen. Wichtig ist nur, dass Sie so lange in dieser Position bleiben, bis Sie wirklich entspannt sind.

Es ist möglich, dass Sie nun weinen müssen. Das kann daran liegen, dass Sie gerade realisiert haben, wie sehr Ihnen diese Nähe gefehlt hat und wie lange es her ist, dass Sie das wahrgenommen haben. Oder Sie sind einfach berührt von dieser Erfahrung. Vielleicht müssen Sie ja auch lachen. Dann drücken Sie einfach die Freude über Ihr wiedergefundenes Potenzial aus. Das bedeutet, dass es keine Rolle spielt, welche Gefühle gerade in Ihnen aufkommen. Wichtig ist nur, dass Sie diesen Gefühlen freien Lauf lassen und sie nicht unterdrücken, denn sonst unterdrücken Sie einen heilenden Moment. Geben Sie sich selbst die Chance einer heilsamen Erfahrung, indem Sie in dieser Körperhaltung verharren, bis Ihre Gefühle vollständig ausgedrückt wurden.

Zum Abschluss fragen Sie Ihr inneres Kind, was es heute gerne noch tun würde.

(Sollten Sie nicht vorhaben, Ihrem inneren Kind einen Wunsch zu erfüllen, dann stellen Sie diese Frage besser nicht! Denn das hätte einen Vertrauensbruch zur Folge, und davon gab es in der Vergangenheit bereits genug.)

Möchte es noch mehr kuscheln? Dann machen Sie doch ein-
fach einen gemütlichen Fernsehabend und nehmen dabei die
vorhin entstandene Körperhaltung ein. Oder möchte es in den
Wald? Dann gehen Sie doch einfach mal spazieren. Oder
möchte es tanzen und singen? Dann legen Sie später eine fet-
zige CD ein, und los geht es!

Persönliche Notizen

Es ist jedenfalls grundsätzlich sehr hilfreich, sich selbst die Frage: »Was möchtest du heute noch tun?« einmal am Tag zu stellen und Taten folgen zu lassen. Sollte der Wunsch des inneren Kindes spontan nicht umsetzbar sein, weil es dazu eine gewisse Vorbereitungszeit bräuchte, dann bieten Sie Alternativen an, und einigen Sie sich auf eine andere Lösung.

Das bedeutet es also, Ihr inneres Kind in den Arm zu nehmen! Und so einfach kann man auch sich selbst trösten, beruhigen, besänftigen usw. Sie müssen es nur TUN, das ist alles! Es ist nicht einmal dann ein Problem, wenn Sie sich unter Menschen befinden. Die sehen lediglich eine Körperhaltung, mehr nicht. Wenn überhaupt, denn viele Menschen registrieren nicht mal die.

Diese Geste sollte so oft wie möglich wiederholt werden, denn dadurch festigen und stabilisieren Sie die Verbindung zu Ihrem inneren Kind. Aber vor allem sollten Sie diese Körperhaltung einsetzen, wenn es Ihnen schlecht geht. Sie erinnern sich dann wieder an das, was Sie eigentlich tun sollten, aber vor lauter Hektik und Stress vergessen haben. Das heißt, wenn es Ihnen so richtig mies geht, nehmen Sie Ihr inneres Kind in den Arm, weinen Sie sich ordentlich aus, und dann fragen Sie Ihr inneres Kind, was es an Ihrer Stelle in Ihrer Situation tun würde. Vielleicht bekommen Sie ja schon eine Antwort.

Dies ist außerdem eine sehr gute Methode bei Ängsten aller Art. Genauso, wie man ein richtiges Kind in den Arm nimmt und beruhigt, wenn es Angst hat, kann man das jetzt auch für sich selbst tun. Wenn Sie Angst oder sogar Panik verspüren, nehmen Sie die besagte Körperhaltung ein, und atmen Sie gleichmäßig und ruhig durch. Sie werden innerhalb einiger Minuten ruhiger, und Sie lernen, mit Ihrer Angst umzugehen. Sie können das wirklich überall und in jeder Situation anwenden, denn schließlich wissen nur Sie, was diese Körperhaltung bedeutet. Für andere sieht es lediglich so aus, als würden Sie die Arme verschränken oder irgendeine x-beliebige Haltung einnehmen. Wenn Sie das immer wieder tun, sobald Angst entsteht, kann es auf Dauer sogar zu einer Auflösung dieser Angst führen. Angst ist schließlich nur das Gegenteil von Vertrauen und Unsicherheit.

Modellieren des inneren Kindes

Es ist wichtig, dass alle Sinne bei der Arbeit mit dem inneren Kind aktiviert werden. Genau deshalb ist es hilfreich, das innere Kind mit Ihren Händen zu formen. Das unterstützt Sie darin, die inneren Prozesse zu *be-greifen*. Kinder machen uns das sehr schön vor. Wenn Sie einem kleinen Kind einen Gegenstand in die Hand geben, den es noch nicht kennt, dann wird es ihn mit allen Sinnen prüfen und erfassen. Es wird ihn in den Mund nehmen, daran riechen, anschauen, ans Ohr halten, eventuell schütteln, ihn auf den Boden schlagen und vielleicht auch noch werfen.

Auch wenn erwachsene Menschen scheinbar »zivilisierter« an neue Dinge herangehen, so reduziert sich im ersten Moment doch alles auf unsere Sinneswahrnehmungen. Wenn Sie einem Ihnen unbekannten Menschen begegnen, dann schauen Sie ihn zuerst an (Interesse vorausgesetzt!), Sie geben sich die Hand, Sie benutzen automatisch den Geruchssinn, Sie nehmen seine Stimme über Ihr Gehör wahr usw. Das heißt, auch Sie nutzen tagtäglich Ihre Sinne, um Ihre Umwelt zu erfassen und zu begreifen. Dabei spielt es keine Rolle, ob Sie das bewusst oder unbewusst tun, es passiert einfach. Somit sind Sie gar nicht so viel anders als die Kinder, Sie tun es nur nicht mehr so offensichtlich. Natürlich wäre es sehr zweckmäßig, diese Sinne wieder bewusst einzusetzen, denn dann können wir auch die Information, die wir auf diese Weise erhalten, gewinnbringend einsetzen. Das heißt aber nicht, dass Sie nun jeden Menschen zur Begrüßung abschnuppern und abschlecken müssen!

Übungsvorbereitung

Um die folgende Übung durchzuführen, benötigen Sie:

♦ Ein bis zwei Päckchen Ton oder Modelliermasse (500 g bis 1 kg)
♦ ein Gefäß mit Wasser
♦ eine Schere
♦ eine Unterlage (z. B. eine alte Schreibunterlage oder ein Stück Plastikfolie), damit Sie das Objekt während der Bearbeitung drehen können.

Richten Sie sich den Platz für die Übung folgendermaßen ein:

Sie können auf dem Boden arbeiten oder natürlich auch am Tisch sitzend, einfach wie es Ihnen am angenehmsten ist. Wichtig ist, dass Sie dabei entspannt sind. Legen Sie sich die Unterlage bereit, packen Sie das Päckchen mit Ton oder Modelliermasse aus, und legen Sie es vor sich auf die Unterlage. Das Gefäß mit Wasser stellen Sie sich in greifbare Nähe.

Diese Übung wird mit geschlossenen Augen in einem entspannten meditativen Zustand durchgeführt. Sie benutzen dabei außer Ihren Händen keinerlei Werkzeug. Machen Sie sich schöne, ruhige Musik an, die Ihnen guttut, wie z. B. Meditationsmusik. Sorgen Sie dafür, dass niemand Sie stören kann und Sie sich bedenkenlos auf diese Erfahrung einlassen können. Es spielt keine Rolle, ob Sie ein gestalterisches Talent besitzen oder nicht. Es geht hierbei nicht um ein Kunstwerk, sondern lediglich um den Ausdruck Ihrer Gefühle und das Begreifen Ihres großen Potenzials. Versuchen Sie, Ihre wahrscheinlich zu hohen Erwartungen an sich selbst zurückzustellen, und genießen Sie diese Übung einmal so, wie es ein Kind tun würde, einfach mit Freude und Neugier.

ÜBUNG

Nehmen Sie Platz, schließen Sie die Augen, und lauschen Sie der Musik. Entspannen Sie sich, und lassen Sie dann das Bild von Ihrem inneren Kind vor Ihrem geistigen Auge entstehen. Laden Sie es ein, diese Übung mit Ihnen gemeinsam durchzuführen. Wenn Sie das Gefühl einer Verbindung verspüren, dann beginnen Sie intuitiv, die Modelliermasse bzw. den Ton zu formen.
Bitte nicht vergessen: Die Augen bleiben bis zum Ende geschlossen! Sie verpassen sonst ein wichtiges Aha-Erlebnis, und das wäre sehr, sehr schade.

Freunden Sie sich erst einmal mit dem Material an. Kneten Sie es ein wenig, um es weicher zu machen. Sie brauchen gar nichts zu konstruieren oder sich ein bestimmtes Objekt vorzustellen, es kommt sowieso anders, als Sie es sich gerade vorstellen. Lassen Sie Ihre Hände einfach machen, Sie fühlen von selbst, wie sich das Material formen will.

Und nicht vergessen: Lassen Sie die Augen geschlossen! Sollte Ihnen das Material zu trocken werden, dann benetzen Sie Ihre Finger mit ein wenig Wasser, und streichen Sie es über die trockenen Stellen.

Sollten Sie an einen Punkt kommen, an dem Sie diese Übung am liebsten abbrechen würden, so empfehle ich Ihnen dringend, dies nicht zu tun. Geben Sie sich selbst einen Ruck und bringen Sie die Übung zu Ende, bis Sie etwas geformt haben. Unterbrechen Sie Ihren heilsamen Prozess nicht. Sie bleiben sonst an einem wichtigen Abschnitt stecken.

Es spielt keine Rolle, wie viel Zeit Sie sich für das Formen lassen. Achten Sie während der ganzen Übung auf Ihre Gedanken. Was geht Ihnen durch den Kopf, was fühlen Sie? Kennen Sie diese Gedanken und Gefühle? Sind es positive, freundliche Gedanken oder eher destruktive, selbstzerstörerische? Sie bekommen gerade einen Eindruck davon, wie Sie mit sich selbst umgehen und wie man mit Ihnen als Kind umgegangen ist. Es ist möglich, dass Schmerz über diese Erkenntnis aufkommt. Sollte das der Fall sein, legen Sie die Modelliermasse kurz beiseite und lassen Sie den Schmerz in Form von Tränen oder einem Schrei heraus, und nehmen Sie die Körperhaltung ein, die Sie bereits mit Ihrem inneren Kind vereinbart haben. Bleiben Sie so lange in der »Umarmung«, bis es Ihnen wieder bessergeht und Sie weiterformen können. Jeder Schmerz, jede Freude schreit nach Ausdruck. Dies nicht zu tun und zu unterdrücken, bedeutet, sich selbst zu zerstören.

Wenn Sie mit der Gestaltung fertig sind, dann öffnen Sie die Augen und achten Sie auf Ihren ersten Gedanken, der Ihnen in den Kopf kommt, wenn Sie das »Gebilde« sehen. Notieren Sie diesen Gedanken, er kann Ihnen Aufschluss darüber geben, ob Sie zu hohe Erwartungen an sich selbst stellen.

Es wird ab jetzt nichts mehr an Ihrem Kunstwerk verbessert oder verändert, bitte lassen Sie es so, wie es ist. Es geht nicht

*um Perfektion. Alles ist richtig so, wie es gerade ist. Finden
Sie zusammen mit Ihrem inneren Kind einen Namen für Ihr
Werk. Vielleicht ist es der gleiche, den das Kind bereits hat, es
kann aber auch ein anderer Name oder ein Pseudonym sein.
Bitte notieren Sie sich auch das und beenden Sie anschlie-
ßend die Übung.*

Persönliche Notizen

Sollte es Ihnen schwerfallen, etwas Schönes an Ihrem Objekt zu finden, versuchen Sie, es wie das Werk eines Kindes zu betrachten. Das würden Sie ja auch nicht verurteilen und runtermachen, oder?

Stellen Sie das Kunstwerk nun an einen sicheren Ort, an dem es in Ruhe trocknen kann. Sollte während des Trocknens etwas abbrechen, ist das nicht schlimm, aber vielleicht fällt Ihnen ja dann spontan etwas dazu ein.

Eine kleine Anregung: Sollten Sie Spaß am Modellieren gehabt haben, so hält Sie niemand davon ab, das zu wiederholen. Modellieren, malen, singen oder schreiben Sie doch etwas zusammen mit Ihrem inneren Kind. Es ist immer wieder spannend, was dabei herauskommt.

Interview zu persönlichen Lebensbereichen

Nachdem Sie jetzt das innere Kind bereits visuell, emotional und materiell wahrgenommen haben, wird nun die akustische Ebene genutzt. Einige von Ihnen haben diesen Sinn bereits automatisch eingesetzt, sie »hörten« den Namen ihres inneren Kindes wie einen Gedanken im Kopf. Diese »Gedanken« finden zwar im Kopf statt, aber Sie spüren, dass es irgendwie nicht Ihre eigenen, analysierenden Gedanken sind. So können Sie unterscheiden, was von Ihrem Verstand und was von Ihrem inneren Kind kommt. Nicht verzagen, Übung macht auch in diesem Falle den Meister!

Suchen Sie sich einen ruhigen Platz, an dem Sie circa eine halbe Stunde ungestört sind.

Diese Übung besteht aus vier Phasen bzw. Schritten:

Schritt 1: Zustandsbeschreibung
Schritt 2: Mangelbeschreibung
Schritt 3: Lösungsfindung
Schritt 4: Umsetzung in die Tat

Folgende Lebensbereiche können Sie mit dem inneren Kind gemeinsam anschauen: Ihre Wohnsituation, Partnerschaft, Arbeitssituation, Ihren Freundeskreis, Ihre Familie, Hobbys, Gesundheit usw. Sie können selbstverständlich noch andere Bereiche dazu nehmen, denn auch hier sind Ihren Ideen keine Grenzen gesetzt. Im *Arbeitsblatt Interview* ab Seite 55 sehen Sie einen Vorschlag dazu, wie Sie sich die Dinge notieren können.

ÜBUNG

Schritt 1:
Schließen Sie die Augen und rufen Sie gedanklich das Bild Ihres inneren Kindes auf. Sollten Sie den Namen bereits wissen (ich meine jetzt NICHT Ihr vorhin gestaltetes Kunstwerk!), dann sprechen Sie Ihr Kind auch so an. Nun fragen Sie, ob es Lust hat, mit Ihnen Ihre aktuelle Lebenssituation anzuschauen. Fragen Sie, ob es Lust hat, seine Meinung dazu zu äußern. Machen Sie ihm klar, dass es Sie interessiert.
Sollte es Sie nicht interessieren, was Ihr inneres Kind zu den verschiedenen Lebensbereichen zu sagen hat, oder wollen Sie ausschließlich positive Kommentare hören, dann brechen Sie die Übung bitte an dieser Stelle ab.
Erinnern Sie sich daran, dass das Kind in Kindersprache antworten sollte, sonst sind Sie nicht wirklich im Kontakt mit ihm.

*Gehen Sie nun einen Lebensbereich nach dem anderen durch,
also beispielsweise Partnerschaft, Gesundheit, Freizeit ...,
und notieren Sie sich, falls nötig, die Kommentare. Das Kind
soll Ihnen nun keine Diagnosen oder Zukunftsprognosen
stellen, sondern lediglich zum Ausdruck bringen, wie es die
gegenwärtige Situation empfindet.
Ein paar Beispiele:
Sie: »Wie findest du meinen Partner (meine Beziehung)?«
Kind: »Ganz toll, süß, lieb.«
Es kann zu jeder Frage allerdings auch eine Antwort geben,
die Sie nicht gerne hören. Wenn Sie beispielsweise nach Ihrem
Partner fragen und das Kind antwortet mit: »Blöd« oder »Ich
find ihn/sie doof, ich hab Angst vor ihm/ihr«, dann sollten Sie
diese Aussage ernst nehmen und in Ruhe darüber nachdenken, ob das Kind Ihre persönlichen Gefühle ausdrückt, die Sie
sich aus verschiedensten Gründen nicht zugestehen. Das können wirtschaftliche Gründe sein, Abhängigkeiten, Ängste usw.
Wichtig ist nur, dass Sie es sich erst einmal anhören und wirken lassen, ohne voreilige Entscheidungen zu treffen. Schreiben Sie die Lebensbereiche samt dem Kommentar Ihres inneren Kindes auf. Lassen Sie diese Informationen kurz wirken
und machen Sie dann mit Schritt 2 weiter.*

Schritt 2:
*Schauen Sie sich alle Lebensbereiche mit Ihrem inneren Kind
nochmals zusammen an. Fragen Sie es, was Ihrem inneren
Kind in den verschiedensten Bereichen fehlt und was es vermisst. Lassen Sie sich diese Anregungen in Kindersprache
geben und hören Sie einfach mal zu. Wahrscheinlich spricht
es Ihnen aus der Seele. Sollte es mit einem oder mehreren
Bereichen zufrieden sein, dann brauchen Sie diesbezügliche
Fragen natürlich nicht zu stellen. Aber Sie wollen Ihr Leben ja
positiv verändern und gestalten, und deshalb konzentrieren*

Sie sich jetzt auf die Bereiche, in denen das Kind etwas vermisst. Notieren Sie auch diese Kommentare im entsprechenden Lebensbereich und beenden Sie Schritt 2.

Schritt 3:
Sie können jetzt mit Ihrem inneren Kind gemeinsam eine Lösung für die Probleme erarbeiten. Fragen Sie das Kind, was es an Ihrer Stelle in dem problematischen Lebensbereich tun würde. Was bräuchte es, damit es die verschiedenen Bereiche gut finden würde?
Es ist erstaunlich, wie einfach Lösungen in Kindersprache klingen. Genau genommen wäre die notwendige Veränderung auch nicht schwer, wären da nicht unsere Ängste ... Was hält Sie eigentlich davon ab, diesem kindlichen Rat zu folgen? Ist es die Angst, jemanden vermeintlich zu verletzen? Oder eine Überzeugung in Ihnen: »Das kann ich nicht.« Oder die Angst vor dem Alleinsein?
Machen Sie dem Kind Ihrerseits Vorschläge zur Lösung und schauen Sie, wie es darauf reagiert. Aber Sie sollen es nicht überzeugen, nur Ideen austauschen, miteinander darüber sprechen. Nehmen Sie den Rat des Kindes ernst, denn in ihm liegt die Lösung Ihres Problems. Es geht jetzt nicht darum, kopflos zu handeln, sondern den Rat des Kindes sinnvoll umzusetzen. Es ist nicht schlimm, wenn Sie dem Kind sagen: »Ich kann das noch nicht tun, ich habe Angst.« Bitten Sie stattdessen das Kind, Ihnen dabei zu helfen, Ihre Angst zu überwinden. Auch das wäre ein guter Schritt, um der Lösung näher zu kommen. Das Sinnvollste wäre allerdings, den Rat des Kindes zu befolgen und ihn in einer erwachsenen Art und Weise umzusetzen, etwa wenn das Kind sagt: »Ich würde deinen Chef am liebsten vor die Schienbeine treten« ... Notieren Sie die neuen Erkenntnisse, versehen Sie sie mit dem aktuellen Datum und beenden Sie Schritt 3.

Schritt 4:

Damit Sie einen wirklichen Nutzen aus den vorangegangenen Erkenntnissen ziehen können, ist es wichtig, dies nun in die Tat umzusetzen. Das ist nicht immer leicht, und es bedarf mitunter Mut, diesen neuen Weg zu gehen, weil er nicht immer logisch ist. Allerdings ist es wichtig, jetzt nicht kopflos zu handeln. Wenn Ihnen Ihr inneres Kind z. B. gesagt hat: »Ich möchte in dieser Wohnung/diesem Haus auf keinen Fall bleiben«, dann kündigen Sie bitte NICHT sofort den Mietvertrag! Stattdessen begeben Sie sich zuerst auf die Suche nach einer neuen Bleibe, die Ihnen und Ihrem inneren Kind gefällt, und danach können Sie den noch bestehenden Mietvertrag kündigen. Machen Sie es sich durch solche übereilten Aktionen nicht komplizierter, als es ohnehin schon ist! Versuchen Sie bei jeder Entscheidung eine elegante Lösung zu finden. Manchmal geht das leider nicht, aber es ist wichtig, dass Sie es zumindest versucht haben. Nehmen Sie zuerst den Lebensbereich, in dem Sie sich eine Entscheidung zutrauen. Beginnen Sie, den Rat Ihres inneren Kindes umzusetzen, um so an innerer Sicherheit zu gewinnen. Die dicken Brocken sollten Sie sich für später aufsparen, sofern das für Sie machbar ist. Machen Sie einen Schritt nach dem anderen, Sie müssen nicht alles auf einmal tun!

Persönliche Notizen

Zu Schritt 1:

Zu Schritt 2:

Zu Schritt 3:

Zu Schritt 4:

Konkrete Fragen zur aktuellen Lebenssituation

Nachdem Sie Ihre Lebenssituation zusammen mit dem inneren Kind angeschaut haben, können Sie diese Übung auch für konkrete, aktuelle Lebensbereiche einsetzen. Das Vorgehen bleibt das gleiche. Sie stellen Ihre Frage in Gedanken und arbeiten sich Schritt für Schritt durch die Übung.

Hier ein Beispiel:
Sie haben z. B. die Frage: »Sollte ich in der Wohnung, in der ich zurzeit lebe, weiterhin bleiben, obwohl es Stress mit den Nachbarn gibt?« Darauf folgt Schritt 1: Was sagt Ihr inneres Kind zu der Wohnsituation? Tragen Sie diesen Kommentar in Ihr Arbeitsblatt ein. Der zweite Schritt besteht in der Frage, was Ihr inneres Kind vermisst und was es bräuchte (z. B. mehr Natur). Auch das tragen Sie in die Tabelle ein. In Schritt 3 stellen Sie die Frage, was das Kind in Ihrer Situation am liebsten tun würde, und im letzten Schritt finden Sie gemeinsam eine Möglichkeit, das, was Ihr inneres Kind möchte, sinnvoll in die Realität umzusetzen.

Das Leben ist gar nicht so kompliziert. Man muss sich lediglich die richtigen Fragen zum richtigen Zeitpunkt stellen.

Arbeitsblatt Interview

Lebensbereiche	Kommentar zu diesem Lebensbereich vom inneren Kind
1. Wohnen/Leben	
2. Arbeitssituation	
3. Partnerschaft	
4. Gesundheit	
5. Hobbys/Freizeit	
6. Familie	
7. Freunde	
8. Sonstige	

Schritt 2: Mangel
Was fehlt dem inneren Kind in der aktuellen Lebenssituation?

Lebensbereiche	Kommentar zu diesem Lebensbereich vom inneren Kind
1. Wohnen/Leben	
2. Arbeitssituation	
3. Partnerschaft	
4. Gesundheit	
5. Hobbys/Freizeit	
6. Familie	
7. Freunde	
8. Sonstige	

Schritt 3: Lösungsmöglichkeiten
Was würde das innere Kind in den aktuellen
Lebensbereichen verändern?

Lebensbereiche	Kommentar zu diesem Lebensbereich vom inneren Kind
1. Wohnen/Leben	
2. Arbeitssituation	
3. Partnerschaft	
4. Gesundheit	
5. Hobbys/Freizeit	
6. Familie	
7. Freunde	
8. Sonstige	

Ausstellen eines Zeugnisses

Die Idee für ein Zeugnis vom inneren Kind entstand, als mir meine Freundin ein Zeugnis zeigte, das ihre Tochter für sie angefertigt hatte. Da waren Fächer wie Zuhören, Liebe für mich, Sorge und Verpflegung, Zeit für mich, Zeit zum Spielen usw. Glücklicherweise kam meine Freundin in dem Zeugnis gut weg, und mich beeindruckte dieser Ausdruck von Liebe eines Kindes zu seiner Mutter derart, dass ich schnell begriff, welche schöne Hilfestellung es für die Arbeit an sich selbst sein könnte. Sich selbst ein Zeugnis auszustellen bietet eine sehr schöne Möglichkeit zur Reflexion. So hat das innere Kind die Möglichkeit, Sie in Form von Noten zu beurteilen. Das kann sehr überraschende Ergebnisse bedeuten, in positiver wie in negativer Hinsicht.

Es ist wichtig, sich diesem Spiegelbild zu stellen, denn es gibt keine Schnörkel oder Beschönigungsmöglichkeiten. Vorraussetzung für ein wahrhaftiges Ergebnis ist natürlich, dass Sie diese Methode ernst nehmen und Selbsterkenntnis von Ihrer Seite aus wirklich erwünscht ist. Sollte das Zeugnis schlecht ausfallen, ist das kein Weltuntergang. Es zeigt lediglich den Ist-Zustand Ihrer Verbindung in Form von Zahlen. Sie können wie im richtigen Leben Ihren Notenspiegel verbessern, indem Sie mehr Aufmerksamkeit auf die schwächelnden Bereiche legen, und dann sieht das nächste Zeugnis auch schon besser aus. Sollten Sie gute Noten erhalten, dann ist dies umgekehrt auch kein Freibrief dafür, sich nun gehen zu lassen. Denn das nächste Zeugnis kommt bestimmt, wie im richtigen Leben!

Es gibt verschiedene Möglichkeiten, wie Sie das Zeugnis gestalten können. Wenn Sie lediglich reflektieren möchten, wie es um die Zusammenarbeit zwischen Ihnen und dem inneren Kind steht, dann notieren Sie sich einfach verschiedene »Fächer« und versehen Sie diese mit einer Note, inklusive dem Datum. Sie können sich vom *Arbeitsblatt Zeugnis* auf Seite 60 anregen lassen, welche Bereiche Sie als zu benotende Fächer einsetzen wollen. Sie können auch notieren, wie lange Sie für Ihr inneres Kind nicht da waren, also unentschuldigt gefehlt haben. Möchten Sie Ihrem inneren Kind allerdings mehr Raum geben, dann erweitern Sie diese Übung, indem Sie das Zeugnis zusammen gestalten. Fragen Sie, welche Fächer für Ihr inneres Kind wichtig sind und wie das Zeugnis gestaltet werden soll. D. h., mit welchen Farben, Accessoires usw. Es ist genauso gut möglich, dass Sie von den hier erwähnten Anregungen keine einsetzen, sondern Ihr ganz eigenes Zeugnis entwickeln, vielleicht auch mit einem anderen Bewertungssystem, z. B. mit Zahlen von 0-100 oder mit Wörtern anstatt Zahlen. Ihrer Kreativität sollten auch hier keine Grenzen gesetzt werden.

Sobald das Zeugnis vorbereitet ist, rufen Sie sich wieder das Bild von dem inneren Kind ins Gedächtnis und erklären Sie, was Sie nun tun wollen. Fragen Sie von Fach zu Fach gehend, welche Note es Ihnen gibt. Vielleicht möchte es ja zusätzlich zur Note noch etwas ergänzen. Aber fangen Sie bitte nicht an zu verhandeln, sondern akzeptieren Sie, wie es ist, und denken Sie anschließend in Ruhe über die Benotung nach. Lassen Sie das Ergebnis einige Tage wirken, denn es ist möglich, dass Sie erst mit etwas Distanz den einen oder anderen Punkt verstehen.

Auch an dieser Stelle möchte ich nochmals daran erinnern, dass das Kind in Kindersprache antworten sollte.

Arbeitsblatt Zeugnis

Zeugnis

von: . . . .   für: . . . .

Zu benotende Fächer:

Zuhören: Ehrlichkeit:

Wahrnehmen: Raum für mich:

Ernst nehmen: Zärtlichkeit:

Zeit für mich: Spaß:

Liebhaben: Rücksicht:

Rücksprache halten: Kuscheln:

Zeit zum Spielen: Ideen umsetzen:

Anerkennung: Liebevolle Zuwendung:

Mut machen: Vertrauen in mich:

unentschuldigt gefehlt:

. . . .
Datum

. . . .
Unterschrift/inneres Kind

. . . .
Unterschrift/ich selbst

Das innere Kind im Alltag

Inzwischen sind Sie zu einigen neuen Erkenntnissen gelangt oder Dinge, die bereits klar waren, haben sich nochmals bestätigt. Es ist allerdings wichtig, die Erkenntnisse nicht nur zu *denken*, sondern in den Alltag einfließen zu lassen, damit Sie einen Nutzen von all diesen Übungen haben. Aber wie könnte das konkret aussehen? Ein wesentliches Hilfsmittel dazu ist die Übung ab Seite 49, welche in vier Schritten den Weg zu Lösungen zeigt. Es ist sinnvoll, nicht direkt mit großen, existenziellen Entscheidungen zu *üben*, sondern erst mal klein anzufangen. Kinder lernen ja schließlich auch zuerst einmal laufen, bevor sie springen, hüpfen oder rennen können.

Wenn man beispielsweise ein Geburtstagsgeschenk für einen lieben Menschen sucht, ist es sehr amüsant, sein inneres Kind in diese Entscheidung mit einzubeziehen. Es wird Sie erstaunen, wie gut das Geschenk ankommt. Eine andere Möglichkeit ist der Kauf von Kleidung oder der Friseurbesuch. Das innere Kind wird wahrscheinlich auf andere Sachen und Farben ansprechen als Sie. Sie selbst hätten vorher wahrscheinlich nicht erwartet, dass Ihnen solch eine Farbe oder die neue Frisur steht. Das gilt natürlich auch für die Gestaltung der Wohnung. Wenn Sie mal wieder renovieren wollen, dann beziehen Sie das Kind in die Farbauswahl der Wände oder anderer Dinge mit ein. Es wird wahrscheinlich nicht so bunt, wie Sie es erwarten. Und falls doch: Was soll's! Vielleicht gefällt Ihnen der Vorschlag ja auch, aber Sie haben es bisher einfach noch nicht gewagt.

Sie sollten zuerst mit alltäglichen Entscheidungen beginnen, die lediglich Sie selbst betreffen. Erst wenn Sie eine innere Sicherheit entwickelt haben, können Sie sich an Lebensbereiche heranwagen, in die auch andere Menschen verwickelt sind. Wenn sogar Kinder im Spiel sind, so sollten Sie sich dieser Verantwortung sehr bewusst sein und auch die Folgen einer Entscheidung für die Kinder berücksichtigen.

Ein klassisches Beispiel für den Einsatz des inneren Kindes ist folgende Situation:

Wenn Sie als Single einen neuen Partner suchen und Sie lernen jemanden kennen, dann ist es sehr sinnvoll, das innere Kind zuerst nach seiner Meinung zu befragen, bevor Sie mit dieser Person noch mehr Zeit verbringen, intim werden oder ihn/sie sogar heiraten. Versuchen Sie sich an Ihren ersten Impuls zu erinnern, den Sie hatten, als Sie zum ersten Mal Kontakt zu diesem Menschen hatten. Sollte der erste Gedanke positiv ausgefallen sein, dann steht dem weiteren Kontakt wirklich nichts mehr im Wege. Sollte Ihre erste Wahrnehmung negativ gewesen sein, und Sie unterdrücken es, weil die betreffende Person unglaublich gut aussieht oder viel Geld hat oder, oder, oder, dann kommt es am Ende genauso, wie Sie es zu Beginn wahrgenommen haben. Das heißt: War der erste Impuls, dass dieser Mensch, den man gerade kennengelernt hat, langweilig ist, dann wird die Beziehung am Ende genau daran scheitern. Es ist aufschlussreich, die Vergangenheit mal nach den ersten Impulsen zu durchforsten und sich daran zu erinnern, wie sich das Ganze letztendlich entwickelt hat. Das gilt selbstverständlich auch für Arbeitsstellen, Wohnungen, Autos usw. Wenn Sie sich die Mühe machen, dann können Sie aus der Vergangenheit eine Menge lernen. Eine wichtige Erkenntnis wird sich festigen: Man weiß alles von Anfang an. Voraussetzung dafür ist, dass Sie ehrlich zu sich selbst sind und es nicht mehr passend machen, weil es scheinbar schöner, bequemer und einfacher wäre! Nutzen Sie diese Methode also im Vorfeld einer Entscheidung, so können Sie sich eine Menge Ärger ersparen.

Ein weiteres schönes Hilfsmittel ist das Einrichten einer Ecke in Ihrer Wohnung für das innere Kind. Gestalten Sie zusammen mit ihm eine kuschelige Ecke, in die Sie sich zurückziehen können, wenn Sie Ruhe und Rückzug brauchen. Diese Ecke muss nicht groß sein, Hauptsache, sie ist gemütlich und lädt zum *Abtauchen* ein. Es hilft Ihnen, sich ab und zu mal aus dem Alltag auszuklinken, auch wenn es nur für ein paar Minuten ist. Sie sind anschließend wieder gelassener und gestärkt für die nächste Herausforderung.

Einen Vertrag schließen

Sicherlich wundern Sie sich, warum das Wort »Vertrag« im Zusammenhang mit dem inneren Kind auftaucht. Verträge sind ja eher etwas Formelles, aber sie beinhalten auch Verantwortung, wenn Sie sich darauf einlassen. Es ist eine verbindliche Handlung. Genau aus diesem Grund sollten Sie zusammen mit Ihrem inneren Kind einen Vertrag ausarbeiten, mit dem Sie sich die Verantwortung sich selbst gegenüber nochmals vergegenwärtigen.

Es klingt sehr einfach und vielleicht ein wenig albern, aber Sie werden spätestens bei der feierlichen Unterzeichnung merken, dass es sich um eine bindende Abmachung handelt. Sie geben sich selbst ein Versprechen. Und Sie wissen ja, wie es sich anfühlt, wenn Versprechen nicht gehalten werden. Darum unterzeichnen Sie den Vertrag wirklich erst dann, wenn Sie sich zutrauen, ihn einhalten zu können. Es ist wie im richtigen Leben kein Beinbruch, wenn Sie ab und zu den Vertrag nicht erfüllen, allerdings sollten Sie anschließend die Gründe reflektieren und sich in Zukunft bemühen, es anders zu machen.

Auch in dieser Situation bringt es nichts, wenn Sie zu hart oder zu lasch mit sich selbst sind. Gedanken wie beispielsweise: »Wieso bin ich so blöd und höre wieder nicht auf mein Gefühl?« oder im Gegensatz dazu: »Ach, was soll's, dann nehme ich mir ein anderes Mal Zeit für meine Bedürfnisse« helfen Ihnen nicht bei einem liebevolleren Umgang mit sich selbst. Es ist wichtig, das richtige Maß bzw. die goldene Mitte zu finden. Haben Sie Geduld mit sich selbst, um ein Gefühl für dieses richtige Maß zu entwickeln. Wann sollten Sie nachsichtiger und geduldiger mit sich selbst sein, und wann sollten Sie sich selbst einen Tritt geben und sich nicht länger bemitleiden? Seien Sie sich auch in diesem Fall selber gute Eltern, und geben Sie sich die nötige Aufmerksamkeit.

Die Gestaltung des Vertrags ist ganz Ihnen und Ihrem inneren Kind überlassen. Toben Sie sich kreativ aus, wenn Ihnen danach ist. Rosa, grünes oder blaues Papier?

Glitzerstifte oder ein kleines Gemälde? Es geht darum, dass Sie sich keine sinnlosen Grenzen bei der Gestaltung setzen. Versuchen Sie einfach, Spaß dabei zu haben.

Welche Punkte Sie nun in den Vertrag aufnehmen, ist ebenfalls voll und ganz Ihre Entscheidung. Einige Anregungen für die Vertragspunkte könnten sein:

♦ Ich höre auf dich.
♦ Ich beziehe dich in meine Entscheidungen ein.
♦ Ich achte dich.
♦ Ich respektiere dich.
♦ Ich nehme dich wahr.
♦ Ich liebe dich.
♦ Ich sorge für dich.
♦ Ich pass auf dich auf.
♦ Ich höre dir zu.
♦ Ich nehme mir Zeit für dich.

Auf Seite 67 ist ein Vorschlag für einen Vertrag abgebildet. Es ist aber tatsächlich nur ein Vorschlag. Auch die Vertragspunkte sind nicht verpflichtend!

Sobald Sie den Vertrag kreiert haben und entschlossen sind, ihn zu unterzeichnen, bitten Sie eine Ihnen vertraute Person, Zeuge bei der Unterzeichnung zu sein, wie beispielsweise die Trauzeugen bei einer Hochzeit. Schaffen Sie einen feierlichen Rahmen, z. B. mit Blümchen, einer Kerze oder Ähnlichem. Lesen Sie den Vertrag vor, und unterzeichnen Sie ihn anschließend. Für die Unterschrift des inneren Kindes könnten Sie mit der anderen Hand unterzeichnen. Bei der Auswahl des oder der Zeugen sollten Sie darauf achten, dass die Person Verständnis für diese Zeremonie hat. Wenn Sie es wollen, kann der Zeuge den Vertrag auch unterzeichnen. Bitte erklären Sie im Vorfeld, dass der Zeuge nichts analysieren oder kommentieren darf. Er oder sie ist einfach der Zeuge Ihrer Handlung, nicht mehr und nicht weniger. Sollten Sie keine wirklichen Freunde oder vertraute Personen in Ihrem Umfeld haben, dann können Sie improvisieren, indem Sie Ihr Haustier als Zeugen einsetzen. Klingt skurril, ist aber besser als gar kein Zeuge!

Bitte unterzeichnen Sie Ihren Vertrag tatsächlich erst dann, wenn Sie ernsthaft daran interessiert sind, Ihr inneres Kind in den Alltag zu integrieren und wenn Sie es sich zutrauen, den Vertrag auch zu erfüllen. Lieber machen Sie diesen Schritt später, aber dafür wahrhaftig. Schnellschüsse zur Beruhigung Ihres Gewissens bringen leider gar nichts, auch wenn es im ersten Moment so scheinen mag.

Zur Abrundung Ihres kleinen Rituals kann der Zeuge ein Foto von Ihnen mit dem Vertrag in der Hand machen. Sollte ein Tier Ihr Zeuge gewesen sein, dann wird das mit dem Foto wohl eher schwieriger. Aber dann gibt es ja noch den Selbstauslöser. Sie können sich den Vertrag samt Foto in Ihrer Wohnung aufhängen, damit Sie immer wieder an Ihr Versprechen erinnert werden, denn Sie kennen ja die ablenkende Wirkung des Alltags!

Arbeitsblatt Vertrag:

Vertrag

zwischen: . . . .   und: . . . .

Ich verspreche dir:

. . . .
Datum

. . . .
Unterschrift/inneres Kind

. . . .
Unterschrift/ich selbst

Vollendete Integration

Die vollendete Integration des inneren Kindes lässt sich sehr einfach erklären. Es bedeutet, dass man nicht mehr überlegen muss, was das innere Kind in einer bestimmten Situation tun würde, sondern man handelt automatisch im Einklang mit den eigenen Gefühlen und Überzeugungen. Ein gutes Beispiel dafür ist das Autofahren: Jeder erinnert sich, wie man sich fühlt, wenn man das erste Mal hinter dem Steuer sitzt. Man muss auf so vieles achten. Man vergisst das eine oder andere, und das Gefühl der Unsicherheit ist sehr groß. Wenn man nun einige Monate oder Jahre Fahrpraxis hat, automatisieren sich die Abläufe, so dass man nicht mehr bewusst darauf achten muss, ob man blinkt, schaltet oder bremst. Die Handlungen sind so in Fleisch und Blut übergegangen, dass man sich parallel dazu auch anderen Sachen wie z. B. telefonieren, mit dem Beifahrer unterhalten, Musik hören usw. widmen kann. Telefonieren natürlich nur mit Freisprechanlage!

Die Arbeit mit dem inneren Kind funktioniert im Prinzip genauso. Üben, wiederholen, bewusst handeln, und dann geht es irgendwann wie von selbst. Je nachdem, wie viel Zeit Sie diesen Dingen einräumen, kann der Prozess der Integration zwischen einem halben Jahr und vielen Jahren liegen. Das hängt ganz von Ihnen selbst ab! Genauso wie beim Autofahren: Wenn Sie viel fahren, dann lernen Sie es schneller.

Sobald diese Integration stattgefunden hat, können Sie eine Art Abschlussritual durchführen. Sie nehmen Ihr Objekt, welches Sie in der Übung ab Seite 45 geformt haben, und geben es Mutter Natur zurück, indem Sie es ver-

graben oder in einem Gewässer versenken. Es wäre schade, wenn es in der Mülltonne landen würde, denn das
wäre ein respektloser Akt Ihnen selbst gegenüber.

Sie müssen dieses Ritual allerdings nicht machen.
Wenn Sie Ihr kleines Kunstwerk gerne behalten möchten, dann tun Sie das. Es ist Ihre freie Entscheidung, was
damit geschieht. Das Ritual ist nur eine Möglichkeit von
vielen!

Kapitel 3

ERKLÄRUNGEN
UND
HILFESTELLUNGEN

Was hat das innere Kind mit der Kindheit zu tun?

Die Kindheit spielt eine große Rolle dabei, in welchem Zustand sich Ihr Emotionalkörper bzw. das innere Kind befindet. Hatten Sie vielleicht distanzierte Eltern, so werden auch Sie als Erwachsene auf die eine oder andere Weise distanziert mit sich oder anderen umgehen. Was damals Ihre Eltern für Sie waren, sind heute Sie im Umgang mit sich selbst. Das bedeutet, dass Sie heute »die Eltern« für Ihr inneres Kind sind. In den meisten Fällen gehen die Menschen so mit sich um, wie es die Eltern früher getan haben. Manche schimpfen auf die schlechte Kindheit, sind aber trotzdem nicht bereit, selbst die notwendigen Schritte einzuleiten, die eine Veränderung erst möglich machen.

In Ihrem Leben kann sich nichts verändern,
solange Sie sich nicht ändern!

Viele wollen den eigenen Kindern bessere Eltern sein, vergessen dabei aber eine wichtige Sache: bei sich selbst damit zu beginnen. Das folgende Beispiel soll zeigen, was genau damit gemeint ist:

Sie stehen in der Küche, sind unkonzentriert und Ihnen fällt etwas aus der Hand auf den Boden und geht kaputt. Ihr erster Gedanke könnte sein: »Mensch, bin ich blöd« oder »Pass doch besser auf« oder weitere negative Anschuldigungen. Haben Sie sich schon einmal gefragt, warum Sie so hart über sich selbst denken? Kennen Sie diese Aussprüche vielleicht von Ihren Eltern, wenn Ihnen ein Missgeschick passierte? Stellen Sie sich doch einmal vor, Ihr inneres Kind würde in Fleisch und Blut neben Ihnen stehen, und es würde etwas zu Boden fallen. Würden Sie sagen: »Mensch, bist du blöd«? Reden Sie so mit Ihren eigenen Kindern, wenn Ihnen unabsichtlich etwas kaputt geht? Falls nein, dann fragen Sie sich doch, warum Sie mit sich selbst so umgehen. Sollten Sie mit Ihren eigenen Kindern so sprechen, dann wäre es mehr als angebracht, es sofort zu ändern. Denn Sie können sich ja wahrscheinlich noch erinnern, wie Sie sich selbst gefühlt haben, wenn Ihre Eltern Sie so behandelten. Es geht dabei nicht um Schuld, sondern um die Wahrnehmung von Verantwortung. In erster Linie ist das die Verantwortung Ihnen selbst gegenüber. Wenn Sie lernen, mit sich liebevoller umzugehen, netter über Sie selbst zu denken, dann wird Ihnen auch leichter fallen, dieses Verhalten auf Ihre eigenen Kinder zu übertragen.

Das innere Kind als Entscheidungshilfe

Tagtäglich gehen einem etliche Fragen durch den Kopf. Einige davon tauchen immer wieder auf und lassen einfach nicht locker. Sie sind wie hartnäckige Parasiten, die sich durch nichts verscheuchen lassen. Und obwohl man darunter leidet, macht man sich nicht die Mühe, sich selbst Antworten darauf zu geben oder entsprechend zu handeln. Dabei ist es eigentlich ganz einfach. Man braucht nur den Mut, eigene Entscheidungen zu treffen. Aber gerade hier liegt das Problem: Man hat oft Angst vor den Konsequenzen seiner Entscheidungen. Aber wie soll sich denn etwas verändern, wenn man es nicht wenigstens versucht? Man kann sich weiter im Kreis drehen und sich selbst belügen – oder man wagt was. Worin wird wohl mehr Freude liegen? Da man nicht nur die Konsequenzen seines Handelns tragen muss, sondern auch die seines NICHT-Handelns, spielt es doch genau genommen gar keine Rolle, wenn man scheinbar falsch entscheidet. Schuldgefühle hat man in beiden Fällen. Also, was hat man eigentlich zu verlieren? Illusionen, scheinbare Sicherheit, Geld? Wenn man gar nichts tut, verliert man sich selbst; man lässt andere für sich entscheiden. Das ist im ersten Moment sicherlich bequemer, und man hat dann ja auch jemanden, auf den man schimpfen kann, wenn die Entscheidung falsch war. Das Problem an dieser Variante ist nur, dass man das, was man sich von Herzen wünscht, auf diesem Weg keinesfalls erreichen wird.

Der Grund dafür ist sehr einfach: Gibt man die Verantwortung und somit auch Entscheidungen für sich selbst ab, gibt man auch seine lebensnotwendige Antriebskraft ab, und somit steht sie einem nicht zur Verfügung. Man kann dann sein Leben nicht so gestalten, wie man es gerne möchte. Immer wird man von jemandem oder etwas abhängig sein.

Handelt man hingegen entschlossen selbst, so übernimmt man die Verantwortung dafür, hält aber auch die eigene Lebenskraft in Händen und kann sie vielseitig einsetzen. Sie ist nützlich, um seine Ziele zu erreichen, Träume zu verwirklichen und Bedürfnisse zu stillen. Der Preis dafür ist, nicht von allen geliebt zu werden. Aber da man ja niemals von allen geliebt wird und das auch nicht das Lebensziel sein sollte, verabschiedet man sich lediglich von dieser Illusion. Und das ist so oder so erstrebenswert, denn der sicherste Weg, sich selbst unglücklich zu machen, ist, es allen anderen recht machen zu wollen.

Das innere Kind hilft dabei, die richtigen Entscheidungen für sich selbst zu treffen. Mit seiner Hilfe kommt man auf Ideen und findet Lösungen, die einem guttun und die sehr oft auch zum Wohle aller Beteiligten sind. Aus der bewussten Verbindung mit seinen innersten Gefühlen entstehen sinnvolle, vorwärtsstrebende Entscheidungen, mit denen man sich auch später noch wohl fühlt und die einen glücklich machen. Berücksichtigt man bei Fragen die Meinung seines inneren Kindes, stößt man auf Handlungsmöglichkeiten, mit denen sich das Leben den eigenen Bedürfnissen entsprechend gestalten lässt. Ein innerlich freies und zufriedenes Leben wird auf diese Weise möglich.

Noch deutlicher wird die Wirkungsweise von Gefühlen auf Entscheidungen, wenn Sie sich vergegenwärtigen, wie der Mensch von einem Impuls ausgehend zu Wissen gelangt.

Der Ablauf ist folgender:

**FÜHLEN → DENKEN → ENTSCHEIDEN → HANDELN →
VERÄNDERN → WISSEN**

Diese Reihenfolge ist wichtig, um sich in jeglicher Hinsicht weiterentwickeln zu können. Oft bleibt man aber aus Angst vor den Konsequenzen beim zweiten Schritt, beim Denken, stehen. So kann sich aber keine Verbesserung des Zustandes einstellen, da jeder einzelne Schritt auf dem vorhergehenden aufbaut und keiner übersprungen werden kann.

Wahrhaftige Aussöhnung mit der Vergangenheit

Diese Frage taucht immer wieder in meinen Seminaren auf und an ihr scheiden sich oft die Geister. Sicherlich sollte man die Vergangenheit irgendwann einmal hinter sich lassen und sich auf die Gegenwart und die Zukunft konzentrieren. Aber wie soll das gehen, wenn die Vergangenheit ständig zur Gegenwart wird? Wenn alte, in der Vergangenheit entstandene Ängste und Programme sich immer wieder aktivieren, wiederholen und die das Hier und Jetzt bestimmen? Dann wird die Gegenwart von vergangenen Erfahrungen geschwächt, und man kann die Zukunft nicht wirklich gestalten, weil einem die Kraft dazu fehlt.

Hat man sich allerdings mit der Vergangenheit wahrhaftig versöhnt, dann profitiert man von der freigesetzten Energie, und so kann man schließlich auch die Zukunft positiv gestalten.

Es ist wie mit einem gut laufenden Motor in einem Auto. Es bringt uns ans Ziel, wenn wir uns vorher von seiner Fahrtüchtigkeit überzeugt haben. Den Motor sauber und gut geölt zu halten, gleicht unserer »Gedankenhygiene«. So kann alles *wie geschmiert* laufen.

Um sich auf die Zukunft konzentrieren zu können, ist es notwendig, sich mit der Vergangenheit auszusöhnen. Aber was heißt das eigentlich? Der gute Vorsatz und eine rationale Entscheidung reichen dazu leider nicht aus. Sätze wie: »Ich habe meinen Eltern vergeben und alles in Liebe aufgelöst« sind nicht nur in esoterischen Kreisen häufiger zu vernehmen. Leider ist mindestens genauso oft zu spüren, dass es sich nicht um eine *wirkliche* Aussöhnung handelt. Der Kopf sagt es zwar, aber der Emotionalkörper des scheinbar *Versöhnten* kocht immer noch vor Wut.

Sinnvoller ist es, sich alle seine Gefühle einzugestehen und dann eines nach dem anderen anzuschauen. Das ist allerdings auch unbequemer, denn man muss auch nach Wegen suchen, um seinen Gefühlen einen sinnvollen Ausdruck zu verleihen.

Es geht nicht darum, die Vergangenheit zu verdrängen, denn das funktioniert nur auf bestimmte Zeit. Sie beeinflusst den persönlichen Weg so oder so, denn jegliche Motivation entspringt dem Unterbewusstsein, und das wurde im Laufe der Jahre geprägt. Deshalb ist es sinnvoll zu wissen, was genau einen bewegt und antreibt. Sind es positive oder negative Überzeugungen?

Wer seine Vergangenheit akzeptiert hat, kann in der Gegenwart leben. Genau das zu akzeptieren, ist die Aufgabe, die es zu bewältigen gilt. Dazu ist es wichtig, den Erinnerungen und dem, was sie mit einem gemacht haben, Raum zu geben. Man kann mit vertrauten Menschen darüber sprechen, man kann Bilder malen, schreiben und singen. Es ist wichtig, dass diesen Gefühlen endlich Ausdruck verliehen wird, damit sie nicht länger unterdrückt werden müssen. Nur so kann das dahinterliegende Potenzial freigesetzt werden.

Der Weg zur Aussöhnung und Vergebung ist meist lang. Es ist schwierig, sich und anderen zu vergeben und setzt voraus, dass vorher Trauer, Wut, Enttäuschung und Angst ihren angemessenen Ausdruck finden konnten. Wahrhaftige Aussöhnung vollzieht sich genau in dieser Reihenfolge. Aber man erfährt bereits während dieses Prozesses viele wunderbare Dinge, die einen darin unterstützen, diesen persönlichen Entwicklungsschritt erfolgreich zu bewältigen.

Abtrennung des Emotionalkörpers

Bei der Arbeit mit dem inneren Kind geht es darum, sich wieder mit seinem Emotionalkörper zu verbinden. Das ist das übergeordnete Ziel. Traumatische Erlebnisse oder Ihnen dauerhaft zugefügte seelische Verletzungen während Ihrer Kindheit haben diese Ablösung zur Folge gehabt. Sie kann teilweise oder auch vollständig erfolgen. Das ist ein Schutzmechanismus der Psyche, um sich emotional über die traurige und zuwendungsarme Zeit zu retten. Der Emotionalkörper bzw. Ihr inneres Kind beginnt, ein Eigenleben zu entwickeln, welches abgekapselt von der Realität existiert. Dieses Eigenleben des Emotionalkörpers hat nichts mit einer gespaltenen Persönlichkeit zu tun!

Es ist einfach so, als würde man die Gefühle einfrieren. Sie können sich das folgendermaßen vorstellen: Sie stehen an einem Flussufer und sehen auf der anderen Seite Ihr inneres Kind stehen. Zwischen beiden Ufern existierte einmal eine Brücke. Diese Brücke ist seit den schmerzhaften Erfahrungen Ihrer Kindheit zerstört oder zumindest stark beschädigt. Auf der Seite des inneren Kindes liegen Dinge wie schöne Erinnerungen, Lebenslust, Mut, Vertrauen, Freude, ... Aber auch unangenehme Erinnerungen befinden sich dort. Das bedeutet, dass man nichts aus der Kindheit wirklich vergessen kann, lediglich verdrängen. Um an die positiven Dinge zu gelangen, müssten die Ufer wieder miteinander verbunden werden. Aber Sie selbst haben sich ja ursprünglich von diesem Teil Ihrer Persönlichkeit getrennt – wegen all der schmerzlichen Erlebnisse, die auch dort liegen. Vielleicht hilft es Ihnen jedoch zu realisieren, dass Sie nicht mehr auf die Gegenwart blicken, sondern in Ihre Vergangenheit, welche nun nach Trost und Ausdruck sucht.

Wenn Sie den Mut haben, Schritt für Schritt eine Brücke zu bauen, so gelangen auch die Geschenke der Lebensfreude, des Mutes und des Vertrauens wieder zu Ihnen, und Sie können davon profitieren. Diese Verdrängungstaktik hat Sie über Ihre Kindheit oder Jugend gerettet, hat Sie emotional überleben lassen, aber jetzt ist es an der Zeit, die Strategie zu ändern, denn Sie brauchen das Potenzial, welches am anderen Flussufer brachliegt, um wirklich glücklich sein zu können.

Es ist möglich, dass Sie die wiederhergestellte Verbindung als ein *Bei-sich-Ankommen* empfinden. Es bedeutet, endlich wieder *mit sich im Kontakt* zu sein. Es ist ein sehr beruhigendes Gefühl, nicht mehr im Außen nach dem persönlichen Glück suchen zu müssen.

Was tun, wenn plötzlich alte, schmerzliche Erinnerungen auftauchen?

Während dieses Bewusstwerdungsprozesses ist es möglich, dass sich vergessene Erinnerungen zurückmelden. Es besteht allerdings kein Grund, deshalb Angst zu bekommen. Es steigen nur so viele Dinge in Ihnen auf, wie Ihre Psyche auch verarbeiten kann. Das ist ein natürlicher Schutzmechanismus, auf den Sie sich verlassen können.

Sollte diese Situation eintreten, dann ziehen Sie sich kurz zurück, nehmen diese inneren Bilder bewusst wahr und die Körperhaltung ein, die Sie bereits mit Ihrem inneren Kind vereinbart haben. Atmen Sie so lange bewusst ein und aus, bis Sie wieder ruhiger werden. Sagen Sie sich selbst, dass Sie sich spätestens in ein paar Stunden damit auseinandersetzen werden, falls Sie jetzt im Moment keine Möglichkeit dazu haben.

Wenn Sie Zeit finden, sich mit diesen Erinnerungen zu befassen, dann lassen Sie die Bilder und Gefühle nochmals aufleben und bitten Sie eine Person, Ihnen einfach zuzuhören. Kommentare sind nicht nötig, Sie brauchen nur einen Zuhörer, damit Sie es loswerden können. Wenn Sie sich alles von der Seele geredet haben, fragen Sie sich, was Sie damals in der Situation gebraucht hätten, um sich besser zu fühlen? Wenn es beispielsweise Trost gewesen wäre, dann bitten Sie Ihren Zuhörer oder jemand anderen in Ihrem Umfeld, Sie einfach nur in den Arm zu nehmen und festzuhalten. Sie müssen um das, was Sie brauchen, bitten, dann bekommen Sie es auch.

Das Traumatische sind nicht die Erfahrungen selbst, sondern die harte Reaktion bzw. Nicht-Reaktion der Eltern auf Ihre Erfahrung. Das Traurige ist nicht die negative

Erfahrung selbst, sondern der Trost, der Ihnen danach nicht zuteil wurde.

Genau deshalb sollten Sie auf sich aufmerksam machen und sagen, was Sie brauchen. Das, was man als Kind nicht gesagt hat, möchte heute immer noch zum Ausdruck kommen.

Der Umgang mit Wut und Angst

Wut ist das meistverkannte Gefühl überhaupt. Es wird überwiegend negativ bewertet. Wut ist offiziell etwas *Schlechtes*, obwohl jeder Mensch diesen Zustand kennt. Das ist eine fatale Situation für die Menschheit. Denn Wut ist nichts anderes als ungelebte Trauer und Aggression. Nun taucht mit dem Wort *aggressiv* noch eine negativ behaftete Eigenschaft der Natur auf. Man sagt: »Du bist heute ganz schön aggressiv.« Das ist vorwiegend nicht als Kompliment gemeint. Eigentlich drückt es Folgendes aus: »Du bist heute sehr bedrohlich.«

Wenn solche Wörter wie Wut, Aggression und auch Angst negativ besetzt sind, dann wird man diese Gefühlszustände versuchen zu vermeiden. Lieber ist man freundlich und unauffällig, damit bloß keiner auf die Idee kommt, man könnte aggressiv sein. Denn das bedeutet, von seinen Mitmenschen abgelehnt zu werden.

Wie kommt es zu einem solchen Verhalten?

In der Kindheit sind Aggressivität und Wut etwas Anstrengendes für die Eltern. Sie müssen sich mit dem Willen und der Persönlichkeit des Kindes auseinandersetzen, und nicht selten wirft das dann den ganzen Tagesplan durcheinander. Wut ist nicht erwünscht, weil die Eltern schnell das Gefühl von Machtlosigkeit und Versagen bekommen. Genau genommen ist das sehr *ver-rückt*. Denn Wut ist im Grunde ein sehr gesundes Gefühl, das so wie Liebe, Zuneigung, Freude und Nähe zum Ausdruck kommen will. Wird diese wertvolle Energie konstant unterdrückt, ist das auf Dauer nicht gesund. Warum hat d*er liebe Gott* eigentlich die Aggressivität erfunden, wenn sie doch nur Probleme macht? Es ist mehr als an der Zeit, die Irrtümer um dieses und ähnliche Gefühle aus dem Weg zu räumen. Das Wort *Aggressivität* stammt aus dem Lateinischen. *Agredere* bedeutet *voranschreiten, an etwas herangehen*. Hinter diesem Wort verbirgt sich nichts anderes als unsere gesamte, aktive Lebensenergie. Eine andere Bezeichnung ist ANTRIEBSKRAFT. Und genauso verhält es sich damit auch. Diese Energie ist wie Feuer. Man kann damit ganze Städte erbauen, aber genauso gut auch zerstören. Der Kraft an sich ist es egal, was am Ende aus ihr wird. Hauptsache, sie wurde gelebt und genutzt. Sie strebt wie jede Energie nach Ausdruck, selbst wenn man ihr diesen nicht freiwillig gibt.

Das bedeutet, dass die Aufgabe des Menschen nicht darin besteht, diese Kraft zu unterdrücken, sondern sie zu kanalisieren, bewusst einzusetzen und somit positiv zu nutzen. Entscheidend für den Ausgang eines aggressiven Aktes ist nicht das Maß an Energie, sondern die dahinterliegende Motivation. Sie ist wie der Steuermann eines großen Fahrzeuges. Wenn er sein Vehikel beherrscht, dann kann er damit schwere Lasten transportieren und Dinge bewegen. Beherrscht er sein starkes Fahrzeug allerdings nicht, dann stellt er für sich und andere eine potenzielle Gefahr dar.

Es gibt mehrere solche *Ur-Energien* des Menschen. Die folgende Abbildung zeigt, wo diese Energien bzw. Fähigkeiten ihre Zuordnung im Körper haben.

Zuordnung von Ur-Energien

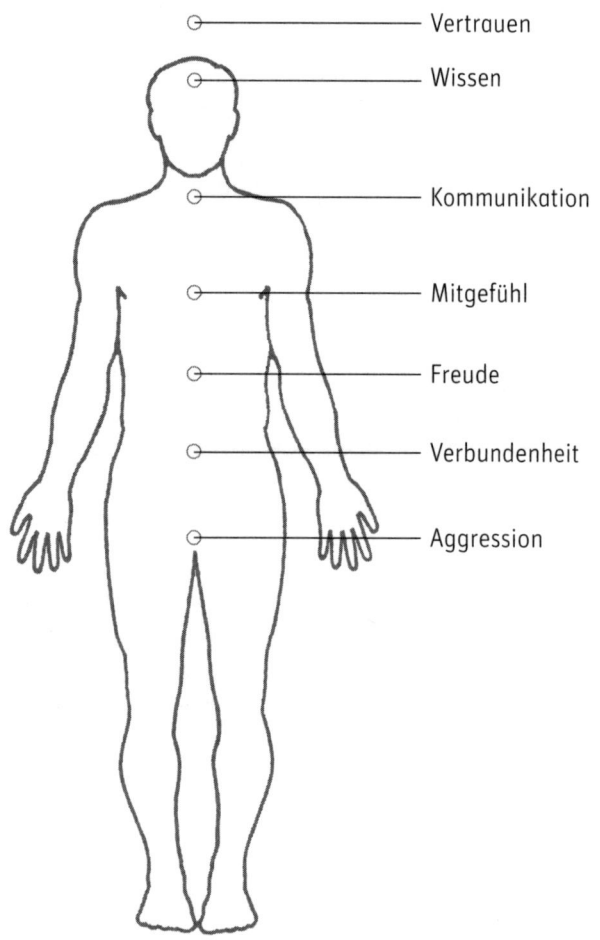

- Vertrauen
- Wissen
- Kommunikation
- Mitgefühl
- Freude
- Verbundenheit
- Aggression

Die Aggression wurde bei den Indianern Erdenergie genannt und ist der Farbe Rot zugeordnet. Sie hat ihren Sitz nicht zufällig im Bereich des Beckens. Denn körperlich gesehen, beginnt eine Bewegung in der Hüfte. Sie vollzieht die Fortbewegung. Das bedeutet: Ohne Aggression kein Vorankommen, keine Bewegung und damit auch keine Veränderung. Keine Mutter wäre ohne diese aggressive Kraft in der Lage, ihr Kind aus ihrem Körper zu pressen. Es ist lebenspendende Energie. Man hat einfach verlernt, damit umzugehen und diese Kraft als Ressource zu nutzen. Eine Ursache dafür könnte sein, dass Menschen, die diese Kraft konstruktiv zu ihrem und zum Wohle aller Beteiligten einsetzen, nicht mehr manipulierbar und beherrschbar sind.

Es gab Zeiten, da waren solche Menschen nicht erwünscht! Man kann diese Energie jederzeit für sich aktivieren. Wenn nun der Eindruck entsteht, dass nur bestimmte Menschen diese Kraft besitzen, dann ist das ein großer Irrtum. Die aggressive Energie steht jedem Wesen zur freien Verfügung, ob sie bewusst genutzt wird oder nicht. Wenn man der Kraft keine bewusste Ausdrucksmöglichkeit gibt, dann sucht sie sich ihren Weg, so wie das Wasser durch ein Tal. Es nimmt immer den direktesten Weg. Lebt man Aggression in destruktiver Form, also nicht bewusst, dann kann diese Energie in Form von autoaggressiven Krankheiten wie Fieber, Depressionen, Allergien und Verletzungen oder Gewalt ihren Ausdruck finden.

Jeder hat die Wahl, wie er sein inneres Feuer einsetzen will. Dazu ist es allerdings notwendig, dass man diese Kraft nicht länger unterdrückt, sondern man muss quasi nachholen, was die eigenen Eltern unterbunden haben: Man muss lernen, sich und seine Energie anzunehmen und sie sinnvoll einzusetzen. Wenn man grundsätzlich das Gefühl der Aggression nicht mehr spürt, dann hat sie sich bereits den Weg gegen einen selbst gesucht und wird auf diese Art und Weise gelebt und ausgedrückt.

Wut ist ein gutes Hilfsmittel, um an diese Antriebskraft zu gelangen. Hinter jeder Wut steckt Trauer über irgendetwas. Bei Kindern ist das wunderbar zu beobachten. Eltern verweigern dem Kind die Schokolade, und es beginnt zu toben. Eigentlich drückt es nur die Trauer über die Absage aus. Die Wut, die dann aber entsteht, geht allerdings noch einen Schritt weiter. Das Kind setzt nun all seine aggressive Kraft ein, um sein Ziel zu erreichen. Es mobilisiert alles ihm Mögliche, weil es sich mit dem Ergebnis nicht abfinden will.

Überträgt man dieses Beispiel auf eine andere Situation, dann wird schnell klar, welch ein Potenzial hinter der Wut steckt: Das gleiche Kind ist nun zu einem Erwachsenen geworden und hat mit Hilfe der Eltern gelernt, seine Wut zu kanalisieren. Dieser junge Mensch möchte nun beruflich etwas ganz Bestimmtes machen und wünscht sich nichts sehnlicher als das. Jetzt erhält er für diesen Bereich eine Absage. Wieder taucht der Moment der Trauer auf, und im nächsten Atemzug entsteht Wut. Jetzt nutzt er diese Kraft allerdings, um sein Ziel trotzdem zu erreichen. Er kann alle Kraft einsetzen, um sich seinen Wunsch trotzdem zu realisieren. Wichtig dabei ist, immer wieder die tatsächliche Motivation zu überprüfen, warum man ein Ziel erreichen möchte. Denn die wirkliche Motivation bestimmt die Qualität der Handlung.

Motivationen können sehr unterschiedlich sein, von selbstlos bis selbstsüchtig.

Hier einige Beispiele für den Antrieb zum Erreichen eines Zieles:

♦ Es verursacht ein gutes Gefühl in mir
♦ Es macht mich glücklich
♦ Es erfüllt mich
♦ Ich fühle mich dann mächtiger
♦ Ich fühle mich dann wichtiger
♦ Ich fühle mich dann gebrauchter
♦ Ich möchte beweisen, dass ich es kann
♦ Ich möchte etwas Sinnvolles tun
♦ Ich möchte Geld verdienen und reich werden
♦ Ich möchte zeigen, was ich weiß
♦ …

Wie kann man lernen, mit Wut oder negativen Gefühlen umzugehen?

Wenn man wütend wird oder sich schlecht fühlt, dann sollte man sich einen Platz suchen, an dem man zuerst einmal *ausrauchen* kann. Vielleicht im Wald, im Schlafzimmer, auf der Toilette oder ähnliche Orte des Alleinseins. Man kann entweder vor sich herschimpfen, kaltes Wasser über die Handgelenke laufen lassen oder im Büro die Treppe hinauf- und hinunterlaufen. In diesem Zustand ernsthafte Gespräche zu führen, ist ziemlich sinnlos.

Vielleicht besteht ja auch die Möglichkeit, zu Hause eine Wut-Ecke einzurichten. Die kann von allen Familienmitgliedern bei Bedarf genutzt werden. Es ist übrigens sehr lustig, zusammen mit der Familie solch einen Bereich einzurichten. Jeder macht Vorschläge und trägt zur Gestaltung bei. So kann man sich erst einmal abreagieren, bevor man das schiefgelaufene Gespräch fortsetzt.

Sobald man sich wieder etwas beruhigt hat, kann man folgende Fragen stellen und so die Energie in eine sinnvolle Handlung kanalisieren. Ganz nebenbei löst man mit dieser Fragetechnik alte Verhaltensmuster auf, die sowieso nicht mehr dienlich sind:

Schritt 1:
Wie fühle ich mich gerade?
Z. B: übergangen, ignoriert, machtlos, allein usw.
(genaue Beschreibung des Ist-Zustandes)

Schritt 2:
Kenne ich diese Gefühle aus meiner Kindheit? Sind sie mir vertraut?

Schritt 3:
Welche Situation aus meiner Kindheit fällt mir spontan dazu ein?

Schritt 4:
Wie habe ich damals reagiert?
Z. B.: mit Rückzug, Rebellion, Rechtfertigung usw.

Schritt 5:
Wie hätte ich damals am liebsten reagiert?

Schritt 6:
Übersetzung und Umsetzung in die gegenwärtige Situation.
Z. B.: Sie haben als Kind in einer unangenehmen Situation aus Angst mit Rückzug reagiert, anstatt auf

sich aufmerksam zu machen. Dann wissen Sie, was in der aktuellen Situation zu tun ist: Machen Sie mit Worten auf sich aufmerksam und ziehen Sie sich nicht wie gewohnt zurück.

Und nicht vergessen: Behandeln Sie Ihr Gegenüber immer mit Achtung. Ganz gleich, ob er oder sie es auch so hält. Auch im Kampf sollte Ihr Herz offen sein! Dann können wenigstens Sie mit einem ruhigen Gewissen schlafen gehen.

Persönliche Notizen

Durch diese sechs Schritte wird die Energie nicht unterdrückt, sondern man erlaubt sich die Wut und nutzt den Schwung für eine befriedigende Handlung, mit der man zu sich selbst steht und das eigene, tiefe Bedürfnis ernst nimmt. Diese Fragen zu beantworten, dauert im Übrigen nicht lange. Es ist jederzeit möglich. Man kann sich anschließend wieder besser auf seine Arbeit oder Familie konzentrieren. Es kostet nämlich permanent Kraft, Wut zu unterdrücken. Es ist in etwa so, als versuche man konstant, einen Ballon unter Wasser zu drücken.

Mit Hilfe der sechs Schritte lässt sich auch mit Ängsten umgehen. Ängste sind nichts anderes als fehlendes Vertrauen in sich selbst oder in das Leben. Ängste sind andererseits manchmal auch sinnvoll, damit man nichts tut, dem man noch nicht gewachsen ist. Kinder müssen auch zuerst einmal Sicherheit in ihre Fähigkeiten bekommen, bevor sie sie einsetzen. Werden sie überfordert, entstehen Ängste. Man sollte sich und auch Kindern die Zeit geben, den richtigen Zeitpunkt für Herausforderungen zu finden. Es gibt Sicherheit, wenn man merkt, dass man selbst bestimmt, wann man etwas tut und wann besser noch nicht.

Der berühmte erste Gedanke

»Hab ich's doch gewusst!« – bei solchen Gedanken ertappt man sich häufig und ärgert sich umso mehr, nicht auf den richtigen Impuls gehört zu haben, den man bereits hatte.

Man kann lernen, die Wahrnehmung darauf zu lenken und diesem ersten Impuls mehr Stabilität und Raum zu geben. Allerdings folgt daraus die Notwendigkeit, diesen ersten Gedanken dann auch ernst zu nehmen und ihm Taten folgen zu lassen. Ansonsten ist diese Sensibilisierung unsinnig.

Warum ist der erste Gedanke bzw. die erste Wahrnehmung so wichtig?

Woher dieser erste Gedanke kommt, ist sehr einfach erklärt. Er stammt direkt aus dem Emotionalkörper. Das bedeutet, dass man eine neue Situation sehr schnell erfassen und in Form eines Gefühls wahrnehmen kann. Erst danach beginnt der Verstand, die Situation in bisher gemachte Erfahrungen einzuordnen. Es ist unglaublich, wie schnell der »Denkapparat« dazu in der Lage ist. Aber das Gefühl ist noch schneller. Der Grund dafür ist in der Aura des Menschen zu finden. Die Ausdehnung und die Reichweite des Emotionalkörpers sind größer als die des Verstandes. Kommt also eine neue Situation auf den Menschen zu, so berührt sie zuerst den Emotionalkörper und danach erst die Verstandesebene. In dem Moment, in dem die Situation auf die Aura trifft, wird ein Reiz ausgelöst, der sofort vom Emotionalkörper in ein Gefühl umgewandelt wird. Spüren wir aber unsere Gefühle nicht gut, weil wir mit diesem Potenzial nicht in Verbindung stehen, so fällt es verständlicherweise schwer, diesen Impuls als den ersten wahrzunehmen.

Der Verstand wird tagtäglich trainiert und somit »in Form« gehalten, was man vom Emotionalkörper nicht gerade behaupten kann.

Die Erfahrung zeigt, dass alle Menschen dazu in der Lage sind, diesen berühmten ersten Gedanken wahrzunehmen, er ist bei jedem nur unterschiedlich laut. Ebenfalls ist wichtig, sich bewusst zu machen, wie früh dieser

Gedanke auftaucht. Wenn man beispielsweise jemanden kennenlernt, und man hatte diese Person Tage zuvor bereits am Telefon oder eine Freundin hat von diesem Menschen bereits erzählt, bevor man ihn persönlich traf, dann zählt der tatsächlich erste Kontakt für die Wahrnehmung. Die Freundin hat vielleicht von dieser Person erzählt, und man dachte: ›Oje, was ist denn das für ein Chaot?‹; dann ist das der erste Gedanke, der wichtig ist und dem Emotionalkörper entspringt. Es ist nicht das erste Treffen gemeint, bei dem man diesen ersten Impuls bereits über Bord warf, weil der *Chaot* z. B. durch sein Äußeres beeindruckt hatte.

Um diesen Impuls rückblickend zu finden und sich dadurch mit vergangenen Beziehungen aussöhnen zu können, ist es also wichtig, sich an den ersten wirklichen Berührungspunkt zwischen einem selbst und diesem Menschen zu erinnern. Denn genauso wird es sich am Ende bewahrheiten. Wirkliche Enttäuschung gibt es darum nicht. Sie ist lediglich die Enttarnung der eigenen Täuschung. Man täuscht sich selbst, indem man diesen ersten Impuls missachtet, obwohl man es hätte wissen können.

Warum täuscht man sich selbst?

Hat man beispielsweise ein angeschlagenes Selbstwertgefühl, und man lernt jemanden kennen, der fantastisch aussieht und zudem auch noch Interesse an einem bekundet, dann versucht man seinen persönlichen Mangel an Selbstwertgefühl durch diese Person zu erfüllen. Dieses unbewusste Bedürfnis ist stärker als die Weitsicht, dass dieser Mensch gar nicht zu einem passt. Hätte man den berühmten, ersten Gedanken ernst genommen, so müsste man anschließend nicht den Umweg durch eine

Partnerschaft gehen, in der sich dieser Partner doch nach einiger Zeit so entpuppt, wie man es im allerersten Moment wahrgenommen hatte.

Wenn man allerdings sehr bewusst reflektiert und merkt, dass die eigentliche Motivation, diese Partnerschaft einzugehen, eigener emotionaler Mangel war, dann hat diese gescheiterte Beziehung ja letztendlich zu einer wichtigen Erkenntnis und Bewusstwerdung geführt und war nicht umsonst.

Es hilft einem nicht, die eigenen emotionalen Löcher durch andere Menschen stopfen zu wollen. Das ist lediglich Symptombekämpfung. Wirkliche Heilung findet von innen nach außen statt – beginnend bei einem selbst.

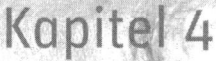

Kapitel 4

GLAUBENSSÄTZE
UND
VERHALTENSMUSTER

Was sind Glaubenssätze und Verhaltensmuster?

Glaubenssätze sind ein Produkt der Kindheit. Es sind tatsächlich Sätze, an die man glaubt, ohne sie je auf ihren Wahrheitsgehalt überprüft zu haben. Sie wurden von den Eltern entweder wörtlich ausgesprochen, oder es sind Schlüsse, die man aus dem Verhalten der Eltern gezogen hat.

Damit die Eltern jetzt nicht in ein zu schlechtes Licht geraten, ist es wichtig zu sagen, dass die meisten Eltern ihr Bestes geben und sich bemühen. Solche Dinge geschehen überwiegend unbewusst. Allerdings gibt es tatsächlich Eltern, die ihre Kinder sehr bewusst schlecht behandeln. Aber glücklicherweise sind sie in der Minderheit.

Obwohl Eltern also meist ihr Bestes geben, kommt es immer wieder zu solchen schwächenden Überzeugungen. Es ist wichtig, diese Glaubenssätze ernst zu nehmen, aufzudecken und anschließend umzuprogrammieren.

Typische Glaubenssätze sind:

- Das kannst du nicht.
- Stell dich nicht so an.
- Pass auf.
- Bleib auf dem Teppich.
- Sei vernünftig.
- Reiß dich zusammen.
- Du machst mich krank.
- Du bist falsch.
- Du lügst.

Aus solchen Sätzen entsteht eine Überzeugung und aus der Überzeugung eine Handlung.

An folgendem Beispiel lässt sich die Wirkungsweise gut verdeutlichen: Die Eltern gaben regelmäßig die Information: »Pass auf!« Daraus entstand die Überzeugung, dass man immer aufpassen muss und dass das Leben bedrohlich ist. Nun möchte man als Erwachsener etwas Neues probieren und vielleicht eine große Reise machen. Wenn es überhaupt dazu kommt, dann ist das schon ein kleines Wunder. Denn die Angst vor dem Unbekannten wird in den meisten Fällen überwiegen. Traut man sich nun doch und es geht etwas schief (und darauf kann man sich verlassen!), fühlt man sich bestätigt und wird den nächsten Urlaub wieder zu Hause verbringen. In diesem Fall haben die Eltern leider versäumt, die Neugier auf das Leben zu erhalten und das Vertrauen des Kindes in sich selbst zu stärken.

Solche Glaubenssätze sitzen oft sehr tief, aber es lohnt sich, sie hervorzugraben! Das Verhalten, das sich aus solchen Überzeugungen wie »Pass auf« oder »Das kannst du nicht« entwickelt, nennt man auch Verhaltensmuster. Die Reaktion auf eine Herausforderung läuft dann immer wieder nach ein und demselben erlernten Schema ab. So wie im Beispiel mit der Reise: Die Reise nicht mehr anzutreten wäre ein Verhaltensmuster – nämlich das des Rückzuges. Es für sich zu durchbrechen und so Schritt für Schritt neue Wege zu gehen ist sinnvoll. Eigene Wege, die ein gutes Gefühl in einem auslösen.

Handelt man weiterhin nach erlernten Mustern, so kann sich nichts verändern. Entwickelt man jedoch seinen ganz individuellen Weg, wird Platz für neue Erfahrungen. Man nimmt wahrhaftig am Leben teil.

Warum entwickelt man solche Muster?

Die Motivation dafür ist, dass man geliebt werden will. Ein völlig natürliches Bedürfnis. Kinder bezahlen sehr oft den Preis ihrer eigenen Entfaltung, um die Eltern scheinbar glücklich zu machen. Allerdings führt dies auf die Dauer nur zum Verlust der eigenen Identität. Die Eltern werden nicht wirklich glücklicher, und man wird auch nicht wirklich mehr geliebt. Das ist eine Selbsttäuschung.

Wenn Eltern es schaffen könnten, den Kindern zu vermitteln, dass sie liebenswert und genau so, wie sie sind, »richtig« sind; wenn sie die Kinder vorbehaltlos in ihrer Individualität akzeptieren, respektieren und bestärken würden, dann wäre auch keine Arbeit mit dem inneren Kind nötig. Es wäre von Anfang an integriert, und man würde im Einklang mit Gefühl *und* Verstand handeln.

Auflösung von Glaubenssätzen –
Gedankenhygiene

Das Wort »Gedankenhygiene« macht klar, dass es nicht nur wichtig ist, den Körper sauber zu halten, sondern auch seine Gedanken. Schließlich beginnt alles irgendwann einmal mit einem Gedanken, und darum ist es wichtig, darauf zu achten, was man denkt. Damit ist aber keinesfalls gemeint, dass Sie keine »schmutzigen« oder wütenden Gedanken mehr haben sollten. Auch solche gehören zum Leben. Es geht eher darum, selbstzerstörerische Gedanken zu entkräften und in positive Energie umzuwandeln.

Um den Umgang mit sich selbst zu Ihrem Vorteil zu verändern, sollten Sie zuerst einmal Ihre Gedanken beobachten. Beobachten Sie einfach, was Sie tagtäglich so alles über sich selbst denken. Sie können es auch aufschreiben. Es ist erstaunlich, was für Gedanken dabei auftauchen: ›Ich bin viel zu dick, ich bin hässlich, ich bin schuld, ich bin unfähig, ich kann das nicht‹ usw. Die Liste dieser Gedanken, mit denen Sie sich selbst kleinmachen, ist sehr lang. Wenn Sie diese Sätze, die Ihnen sicherlich aus der Kindheit vertraut sind, in positive Formulierungen umwandeln, dann hat das eine immense Wirkung auf Ihr Leben.

Aber was ist nun konkret zu tun? Sobald Sie sich wieder bei einem negativen Urteil über sich selbst ertappen, formulieren Sie in Gedanken einen Positiv-Satz und denken Sie diesen mindestens ein Mal mehr als den Negativ-Satz.

Die Vorgehensweise könnte Schritt für Schritt wie folgt aussehen:

1. Sie denken: »Ich würde gerne das Abitur nachholen, aber dafür bin ich zu dumm.«
2. Überlegen Sie sich für den Satz: »Ich bin zu dumm dafür« ein positives Pendant wie »Ich kann alles schaffen, was ich mir von Herzen wünsche«.
3. Denken Sie diesen positiven Satz mindestens ein Mal mehr als die negative Formulierung.

Natürlich gibt es noch viele Sätze mehr, mit denen Sie sich selbst von Ihrem wahren Lebenszweck abhalten. Einige Beispiele, die Sie inspirieren könnten, sollten noch genannt sein:

Negative Überzeugung:	Positives Pendant:
Ich bin hässlich.	Ich bin wunderschön!
Ich bin anders.	Ich bin so, wie ich bin, genau richtig!
Ich kann das nicht.	Ich schaffe das!
Ich traue mir das nicht zu.	Ich habe Vertrauen zu mir selbst!
Ich bin unfähig, richtig zu entscheiden.	Ich vertraue meinen Gefühlen!

Persönliche Notizen

Zu 1.:

Zu 2.:

Letztendlich handelt es sich bei beiden Sätzen um die gleiche Energie. Was sie allerdings unterscheidet, ist die dahinterliegende, meist unbewusste Motivation. Es gibt Gründe und Ursachen dafür, warum Sie sich klein-machen. Haben Sie den Mut, und denken Sie mal darüber nach, was Sie wirklich antreibt.

Mit positiven Gedanken, auch Affirmationen genannt, schaffen Sie die entscheidende Grundlage für gutes Gelingen. Wenn Sie eine ablehnende Haltung sich selbst gegenüber einnehmen und schon von vornherein einen negativen Ausgang Ihres Vorhabens erwarten, dann stehen die Chancen für Erfolg ziemlich schlecht. Gezielte positive Gedanken haben in etwa dieselbe Wirkung, als würden Ihre Eltern zu Ihnen sagen: »Du schaffst das!«, »Du kannst das!«, »Ich traue es dir zu!«, »Ich liebe dich so, wie du bist.«

Ist das nicht ein wunderbares Gefühl? Vielleicht spüren Sie ja die Kraft, die dahinter schlummert? Mit diesen Bestärkungen im Rücken lässt es sich besser leben und vorankommen. Also bestärken Sie sich selbst durch Ihre Gedankenkraft, egal ob Ihre Eltern das nun tun oder nicht!

Sie können mit diesen Affirmationen jederzeit arbeiten und sich selbst einen guten Nährboden für Ihr Leben schaffen. Sie müssen gar nicht warten, bis Sie sich bei negativen Gedanken ertappen. Es ist jederzeit möglich, sich mit guten, stärkenden Gedanken zu versorgen. Beim Autofahren, beim Spazierengehen, im Wartezimmer, beim Kochen usw. Sie sehen, dass auch die Ausrede: »Ich habe gerade keine Zeit für so was« nicht funktioniert, da Sie diese Übung wunderbar in den Alltag integrieren können.

Möglicherweise fällt es Ihnen zu Beginn etwas schwer, positive Entsprechungen zu Ihren negativen Glaubenssätzen zu finden. Mit etwas Ausdauer und Übung jedoch können Sie diesem Zustand entgegenwirken, und es wird mit Sicherheit von Mal zu Mal besser funktionieren.

Die Wirkungsweise von Affirmationen

Es ist sehr einfach, sich diese Wirkungsweise zu verdeutlichen. Stellen Sie sich eine Waagschale vor. Auf die eine Seite legen Sie die ganzen negativen Sätze (negative Affirmationen), die Sie klein halten, bremsen und verletzen. Die Waage gerät aus dem Gleichgewicht. Jetzt wird sichtbar, dass auf der anderen Seite etwas benötigt wird, um für Ausgleich zu sorgen. Darum stellen Sie sich vor, Sie würden jetzt die entsprechenden positiven, ermutigenden, kräftigenden Sätze in die noch leere Schale legen. Und zwar so lange, bis die Balance wiederhergestellt ist. Jetzt wird Ihnen vielleicht auch klar, dass es nicht schlimm ist, wenn negative Sätze existieren. Sie sollten nur nicht überwiegen. Affirmationen wirken genau nach diesem Prinzip. Sie füllen Satz für Satz Ihr emotionales Defizit selbst auf und können so auch das Tempo bestimmen, wie lange es dauert, bis es ausgeglichen ist.

Auflösung von Mangelbewusstsein

Es gibt verschiedene Bewusstseinsformen, zu denen unter anderem auch das Mangelbewusstsein gehört. Weitere Bewusstseinsformen sind z. B. das Opfer- und das Schuldbewusstsein. Diese drei Varianten spielen in der menschlichen Psyche eine sehr große Rolle.

Viele Menschen bewegen sich in dem sogenannten »Täter-Opfer-Retter-Dreieck«.

Täter-Opfer-Retter-Dreieck

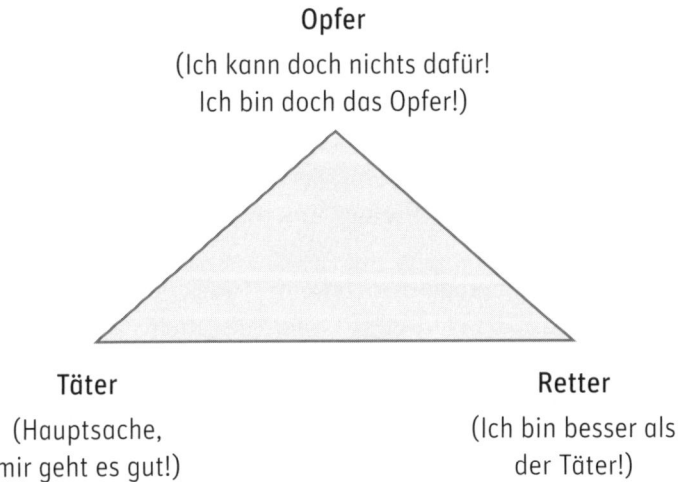

Opfer
(Ich kann doch nichts dafür!
Ich bin doch das Opfer!)

Täter
(Hauptsache,
mir geht es gut!)

Retter
(Ich bin besser als
der Täter!)

Das bedeutet, dass man zwar eine Paraderolle hat, aber ab und zu auch zwischen den anderen beiden Anteilen hin- und herspringt. Man trägt also alle drei Bewusstseinsaspekte in sich, den einen stärker, den anderen schwächer ausgeprägt. Das hängt von der eigenen Geschichte ab. Genau genommen sollte man aus diesem Kreislauf aussteigen, denn alle Beteiligten (Opfer, Täter, Retter) bringen damit nur ihr unerlöstes Ego zum Ausdruck. Auch hier lautet die Zauberformel für Auflösung wieder: Eigenverantwortung.

Diese drei Rollen beeinflussen das Leben, ohne dass man sich dessen bewusst ist. Aus ihnen entstehen unbewusste Motivationen. Der »Retter« muss z. B. sein Gefühl des Mangels bedienen, indem er hilft und rettet, auch wenn er nicht darum gebeten wurde. Die tatsächliche

Motivation ist die, sich wichtig und gebraucht zu fühlen. Eine andere Motivation für solch ein Helfersyndrom könnte Schuldbewusstsein (siehe Kap. 5) sein. Der »Retter« wurde vielleicht irgendwann einmal zum Täter und hat seitdem große Schuldgefühle. Um diese aber nicht zu spüren, hilft er, wo er nur kann, um seine Schuld abzutragen und zu begleichen. Das Problem ist, dass dieses Verhalten am Zustand seines inneren Bewusstseins nichts verändert.

Genauso verhält es sich beim »Täter«. Auch seine Motivation kann sowohl dem Opfer- als auch dem Schuldbewusstsein entspringen.

Dasselbe gilt für das »Opfer«, auch wenn es im ersten Moment nicht so offensichtlich erscheint. Das Opferbewusstsein ist einerseits etwas sehr Subtiles, anderseits etwas sehr Machtvolles, dazu aber später.

Auch das Mangelbewusstsein ist ein sehr weit verbreitetes Phänomen. Damit man nun nicht mehr das »Opfer« dieser unerlösten Bewusstseinsform werden muss, gibt es Möglichkeiten, diese umzuprogrammieren. Genau genommen werden sie von Glaubenssätzen genährt. Aber um etwas zu verändern, sollte man zuerst verstehen, wie es entstanden ist.

Mangelbewusstsein kann schon sehr früh entstehen. Ein Kind, das als Säugling nicht genug Zärtlichkeit bekommt, hat sehr schnell das Gefühl, dass etwas fehlt, empfindet also ein Gefühl des Mangels. Das kann auch entstehen, wenn das Kind nicht ausreichend gestillt wurde. Es gab vor einigen Jahren die Idee, dass Säuglinge nur alle drei Stunden essen sollten, ob das Kind brüllt oder nicht. Viele Mütter und Kinder haben darunter stark gelitten. Die Mutter verstieß gegen den natürlichen Drang, das Kind trotzdem zu füttern, und die Säuglinge »verzweifelten« daran, dass ihr Ausdruck (das Schreien, denn sie haben noch keinen anderen) keine Bedeutung hat. Das Gefühl des »Sattseins« stellte sich nicht ausreichend ein. Das bedeutet, das Kind bekommt das Gefühl: »Meine Bedürfnisse werden nicht gestillt, gesehen und sind nicht wichtig. Ich bekomme nicht so viel, wie ich wirklich brauche.«

In diesem frühen Lebensabschnitt wird das Mangelbewusstsein stark ausgeprägt. Als Erwachsener haben diese Menschen später das Gefühl, dass es nie genug ist, sie sind niemals rundum *satt*. Sie nehmen ihre Bedürfnisse nicht ernst genug und versuchen mit verschiedensten Tricks, diesen Mangel auszugleichen.

Heute ist man glücklicherweise schlauer. Man weiß, dass Kinder nicht konstant wachsen oder sich entwickeln. Es geschieht in Schüben. In dieser Wachstumsphase (körperlich wie emotional) haben Kinder meistens wenig Hunger. Ist der Wachstumsschub vorbei, holen sie das wieder auf und essen wieder ganz »normal« oder sogar mehr als sonst. Das Problem ist nur, dass die Eltern den Kindern nicht zutrauen, dass sie schon selbst über ihr Hungergefühl entscheiden können. Es ist das erste, was ein Säugling spürt: hungrig oder satt. Das Kind bringt dieses Gefühl in Form von Schreien zum Ausdruck. Man kann sich also voll und ganz auf die Kinder verlassen, sie werden sich schon mitteilen. Die Aufgabe der Eltern ist, das Schreien oder Nörgeln als Signal eines Bedürfnisses wahrzunehmen. Babys haben übrigens wenige Bedürfnisse, sie wollen lediglich schlafen, lernen und wachsen. Genau genommen haben erwachsene Menschen die gleichen Bedürfnisse, es wird nur beispielsweise von der Werbung komplizierter dargestellt; es werden Bedürfnisse geschaffen, die einen nicht wirklich glücklich machen.

Mangelbewusstsein heißt also: »Es hat nicht gereicht, es war nie genug. Ich hätte mir mehr Zuwendung, Aufmerksamkeit, Zärtlichkeit, Essen usw. gewünscht.«

Wenn man diese tiefe Prägung verändern will, muss man sich zuerst bewusst sein, was einem eigentlich gefehlt hat. Dabei ist die Arbeit mit dem inneren Kind sehr wichtig und hilfreich. Wenn man Mängel erkennt, dann kann man sie sich selbst erfüllen. Wichtig ist, dies bewusst zu tun. Folgendes Beispiel zeigt, was damit gemeint ist:

Ein Mann hat immer den Drang, sich ein Eis zu kaufen, wenn er an einer Eisdiele vorbeikommt. Egal, ob er Hunger hat oder nicht. Er fragt sich gar nicht, ob er es wirklich will, sondern er erfüllt sich damit einen unbewussten Mangel. Denn als Kind bekam er, statt Zuneigung und Zärtlichkeit, Geld für die Eisdiele in die Hand gedrückt. Das bedeutet, er verbindet mit Eis Zuwendung und Zärtlichkeit. Nachdem ihm die tatsächliche Motivation klar wurde, begann er sich die Zärtlichkeit und Zuneigung bewusst woanders zu holen und zuzulassen (z. B. über Freunde, Partnerin usw.). Wenn er heute an einer Eisdiele vorbeikommt, fragt er sich zuerst, ob er überhaupt Appetit auf Eis hat. Denn ihm ist nun klar, dass die Zuneigung dort nicht zu finden ist. Aber leckeres Eis.

Wie kann man den Mangel, der in einem herrscht, erkennen?

Man nimmt als Grundlage eine Situation, in der man sich nicht frei entscheiden kann, sondern das Gefühl hat, von etwas abhängig zu sein.

Hier einige Beispiele:

1. Ich brauche ein Glas Wein, um abzuschalten.
2. Ich brauche einen Hund, um mich nicht so alleine zu fühlen.
3. Ich brauche eine Zigarette, um mich zu entspannen.
4. Ich muss mir die Hände ständig waschen, um mich sauber zu fühlen.
5. Ich muss zuerst alles aufräumen, um mich dann erholen zu können.
6. Ich brauche einen Partner, um mich gut zu fühlen.
7. Ich brauche ein Kind, um glücklich zu sein.

Hinter all diesen Sätzen steht in Wirklichkeit ein unerfülltes Bedürfnis.

Die tatsächlichen Bedürfnisse hinter den oben genannten Punkten lauten:

Zu 1. Ich möchte mich fallen lassen.
Zu 2. Ich möchte Zuwendung und Nähe.
Zu 3. Ich möchte Ruhe.
Zu 4. Ich möchte schuldlos und rein sein.
Zu 5. Ich möchte innere Ordnung.
Zu 6. Ich möchte geliebt werden.
Zu 7. Ich möchte wichtig sein.

Hat man das tatsächliche Bedürfnis erkannt, sollte man einen Schritt weiter gehen und überlegen, wie man dieses Bedürfnis auch ohne Hilfsmittel stillen könnte. Hilfsmittel wären in diesen Fällen: Zigaretten, Tiere, Partner, Kinder usw. Das Problem ist, dass Hilfsmittel auf die Dauer abhängig machen.

Einige Vorschläge, wie man diese Bedürfnisse bewusst stillen könnte, wären:

Zu 1.: Schöne Musik einlegen und sich davon mitreißen lassen.

Zu 2.: Sich selbst zuwenden und sich fragen, wozu man gerade Lust hätte, und dies dann tun.

Zu 3.: Telefonstecker raus, Klingel und Handy ausschalten und ab ins Bett.

Zu 4.: Sich bewusst machen, warum und wofür man sich schuldig fühlt, und dann realisieren, ob man überhaupt dafür verantwortlich sein kann. Wenn man wirklich Verantwortung für etwas hat, kann man sich ja z. B. entschuldigen.

Zu 5.: Man sollte nicht so viel auf die Ratschläge anderer hören, sondern selbst entscheiden und den Mut zum eigenen Rhythmus entwickeln.

Zu 6.: Man sollte sich selbst akzeptieren, wie man ist, und schöne Seiten an sich hervorheben. Sich selbst auf die Schulter klopfen, wenn man etwas geschafft hat, und liebevoller über sich selbst denken.

Zu 7.: Man muss sich selbst wichtig nehmen und den eigenen Bedürfnissen Raum geben. Dann tun das auch die anderen.

Bei jedem dieser Punkte können Affirmationen wie z. B.: »Ich bin wichtig«, »Ich bin schuldlos«, »Ich bin liebenswert« sehr hilfreich und unterstützend sein. Man sollte sie so oft wie möglich denken, damit neues Bewusstsein entsteht.

Bewusstsein wird durch Gedankengut gespeist. Man sollte diese Tatsache für sich nutzen und somit selbst bestimmen, welches Bewusstsein in einem vorherrscht.

Persönliche Notizen

Gefühl und Verstand – ein Widerspruch?

In der heutigen Zeit wird dem Verstand, auch gerne *Kopf* genannt, eine starke Rolle eingeräumt. Besucht man Seminare zur Persönlichkeitsbildung, hört man oft den Satz: »Du bist ein Kopfmensch, du musst mehr auf dein Bauchgefühl hören.« Man nickt eifrig und stimmt dem Seminarleiter zu. Zu Hause angekommen, klingt das immer noch sehr stimmig. Aber dann hat einen der Alltag zurück. Der Chef faltet einem mal wieder zusammen, die Kinder machen, was sie wollen, usw. Der Rat des Seminarleiters vom Vortag gerät ins Wanken und schwindet ins Land des Vergessens. Hörte man in dieser Situation auf sein Bauchgefühl, dann würde man sofort kündigen und die Kinder rausschmeißen. Aber der *Kopf* verbietet das. »Sei vernünftig! Reiß dich zusammen! Du brauchst den Job!« sind Sätze, mit denen man sich schnell wieder auf den Boden holt. Ein klassisches Beispiel dafür, dass Kopf und Bauch bzw. Verstand und Gefühl nicht im Einklang miteinander sind.

Alle Lebewesen, vor allem aber die Menschen, haben Gefühle. Gefühle sind Zustände, die durch äußere Reize entstehen. Sie können sich jederzeit ändern, wenn der entsprechende Reiz gegeben wird. Das lässt sich anhand eines Beispiels wunderbar erklären: Man sitzt im Auto, hört Radio und ist etwas betrübt. Plötzlich läuft das peppige Lieblingslied und man bekommt schlagartig gute Laune. Dann klingelt das Handy und der Lebensgefährte, über den man sich morgens noch geärgert hat, will etwas loswerden. Man wird ärgerlich, und die gute Laune von zuvor ist mit einem Mal wie weggeblasen. Innerhalb weniger Augenblicke hat man drei Gemütszustände durchlaufen. Sorgt man selbst für die entsprechenden Reize, die einem guttun, dann wird die positive Stimmung im Leben überwiegen. Und genau dazu braucht man den Verstand.

Der Verstand schöpft aus allen bisher gemachten Erfahrungen. Man kann jederzeit auf dieses Wissen zurückgreifen. Bleibt man bei dem vorangegangenen Beispiel, so wären Gefühl und Verstand im Einklang, wenn man nach dem ärgerlichen Telefonat bewusst eine Lieblingsmusik einlegt, um seine Laune anzuheben. Der Verstand hat schließlich auch abgespeichert, was an wohltuenden Erfahrungen gemacht wurde.

Das soll aber nicht bedeuten, dass die Gesellschaft *verkopft* ist, sondern lediglich, dass in vielen alltäglichen Situationen die richtige Reihenfolge nicht eingehalten wird. Das heißt, zuerst sollte immer das Gefühl überprüft werden, und dann erst kommt der Verstand zum Einsatz. Durch ihn finden wir den direktesten Weg zum Ziel.

Beide Instanzen sind also wichtig und brauchen einander. Der Verstand hilft, Gefühle zum Ausdruck zu bringen. Auf einer Reise mit einem Schiff wäre das Gefühl der Kompass und der Verstand die Seekarte. Der Körper wäre das Schiff, das innere Kind der Steuermann, und das Wasser wäre das Leben.

Es geht also nicht darum, entweder Kopf oder Bauch zu benutzen, sondern beide in der richtigen Abfolge einzusetzen.

Versucht man, Entscheidungen ausschließlich mit dem Verstand zu treffen (»Vernünftig wäre, …«), so wird es keine gewinnbringende Veränderung geben. Denn der Verstand kann nur aus bisher gemachten Erfahrungen schöpfen. Er ist nicht in der Lage, neue Dinge zu begreifen und zu beurteilen, ob etwas eine interessante Herausforderung wäre oder nicht. Eine gesunde Herangehensweise, bei der Gefühl und Verstand zusammenarbeiten, könnte folgendermaßen aussehen:

Man hegt seit langem den Wunsch, Sänger zu werden. Wenn die Vorstellung davon ein gutes Gefühl in einem auslöst und man sich dazu entschließt, kommt als Nächstes der Verstand zum Einsatz. Das Ziel ist formuliert, und nun entwickelt der Verstand Strategien, wie man dieses Ziel am besten erreicht. Wenn man diesen Weg dann einschlägt, muss man ihn immer wieder optimieren und die unterwegs neu gewonnenen Erfahrungen mit einfließen lassen, bis man das Ziel erreicht. Beide Seiten, also Gefühl und Verstand, stehen auf diese Weise in keinerlei Widerspruch zueinander, sondern arbeiten Hand in Hand.

Man kann übrigens auch seinen Verstand erst einsetzen, wenn man sich seiner Gefühle bewusst ist. Man braucht sie, um das Wissen zu transportieren und um es für andere sichtbar und begreiflich zu machen.

Das Ego als hilfreiches Potenzial

Viele Menschen sprechen von dem sogenannten »Ego«. Das Wort ist in aller Munde, aber kaum einer weiß wirklich, was das tatsächlich bedeutet. Oft wird empfohlen, das Ego auszuschalten, es zu überwinden oder gar zu vernichten. Das ist allerdings nicht der sinnvollste Weg, damit umzugehen.

Genauso wie das innere Kind hat auch das Ego eine sehr wichtige Bedeutung und Funktion. Hinter diesem Persönlichkeitsanteil steckt Lebenswille, Durchsetzungsvermögen und Kraft.

Kinder werden nicht mit Ich-Bewusstsein, dem Ego, geboren. Es entwickelt sich erst mit den Jahren. Wenn Kinder das Ego entdecken, probieren sie sich aus und testen, wie man diese Kraft am besten einsetzen könnte. Klassische Sätze aus dieser Entwicklungsphase sind: »Das ist meins« oder »Ich will das.« Sie fühlen sich plötzlich als Zentrum der Welt, und das ist auch gut so. Denn auf dieser Grundlage lernen sie, sich selbst zu bewegen und im Leben voranzuschreiten. Dazu muss die Wahrnehmung ganz bei einem selbst sein, sonst sind diese Schritte nicht vollziehbar. Wenn Eltern diese Entwicklung einschränken, weil es ihnen z. B. vor anderen Menschen unangenehm ist, dass das Kind sagt: »Das ist meins«, und dem Kind solche egoistischen Äußerungen verbieten, dann festigt sich in dem Kind die Überzeugung: »Ich darf meine Kraft und meinen Standpunkt nicht vertreten, es ist wichtiger, was die Nachbarn denken.« Dann wird das Kind den Rückzug antreten und dieses Ich-Bewusstsein schließlich gegen sich selbst richten.

Einmal entdeckt, kann man das Ego nicht mehr ausschalten. Dann übernimmt es die Führung und hält einen selbst und das eigene Potenzial klein. Würde man dem Ego allerdings seine ursprüngliche Aufgabe zurückgeben, so hätte man all diese Kraft zur Verfügung, um sich weiterzuentwickeln. Das Ego ist stark verknüpft mit dem aggressiven menschlichen Potenzial, es nutzt diese Energie und schöpft aus dieser Quelle.

Genau genommen ist es gesünder, das Ego zu akzeptieren, es in die Gesamtpersönlichkeit zu integrieren und lieben zu lernen, anstatt sich ständig davon abzuwenden. Denn wenn Sie sich abwenden, führt es trotzdem Regie, ob Sie wollen oder nicht. Denn das Ego hat seinen Sitz im Unterbewusstsein. Es ist der schattige Anteil des Menschen, der im Verborgenen liegt und von dort aus agiert. Das muss aber nicht so bleiben. Es verschafft Ihnen letztendlich mehr Erleichterung und Kraft, wenn Sie dieses Ich-Bewusstsein annehmen, anstatt es zu ignorieren. Es bleibt nur so lange Ihre dunkle Seite, bis Sie diese Tatsache von Grund auf anerkennen. Dann kann diese Energie umgewandelt und schließlich positiv genutzt werden.

Viele Menschen glauben, dass sie kein guter Mensch sind, wenn sie ihre dunkle Seite anschauen und herauslassen würden. Das aber ist ein großer Irrtum. Ein Mensch, der seine Schwächen kennt und akzeptiert, muss sie nicht verbergen, sondern kann sich viel besser auf seine Stärken konzentrieren. Sie können auch mit ein bisschen Neid, Ärger oder Trauer im Gepäck ein guter Mensch sein!

Was hat das Ego mit dem inneren Kind zu tun?

Wenn Sie nicht im Kontakt mit Ihrem inneren Kind sind, übernimmt irgendwann das Ego diesen Platz und versucht zu führen. Dummerweise ist das Ego vom lieben Gott für diese Aufgabe nicht vorgesehen und somit heillos überfordert. Das innere Kind dagegen ist dieser Aufgabe gewachsen, es ist sozusagen der Kompass für Ihr Leben. Es besitzt die nötige Intuition, um den Kurs angeben zu können. Das Ego hingegen ist eher eine grobe Kraft, die für die Verwaltung Ihrer bisher gemachten Erfahrungen zuständig ist. Es ist eine instinktive Energie, wie sie auch die Tiere haben. Es hilft dabei, unsere Existenz zu sichern.

Inneres Kind	→	Intuition
Ego	→	Instinkt

Führt in Ihnen das Ego und nicht das innere Kind Regie, so wird Ihr Leben vorwiegend darauf ausgerichtet sein, irgendwie zu existieren und den Kopf über Wasser zu halten.

Regiert stattdessen das innere Kind, so kommen Sinn, Freude und Farbe ins Leben. Und doch sind beide Anteile wichtig. Sie sollten nur in der richtigen Art und Weise eingesetzt werden, dann können beide Anteile auch ihren Job machen. Als Team sind sie unschlagbar. Man kann sich das ungefähr so vorstellen, als würde Michael Schuhmacher in seinem Ferrari sitzen. Er symbolisiert das innere Kind, das mit Freude sagt, wo es langgeht, und der Ferrari steht für das Ego, welches ihn mit Hilfe seiner PS zum Ziel bringt.

Sie können sich Ihr Ego auch als Leibwächter vorstellen. Jemand, der Ihren Leib und Ihr Leben beschützt. Für solch eine wichtige Aufgabe benötigen Sie eine instinktive und starke Kraft, keine, die lieb und nett diskutiert, wenn es schwierig und existenziell wird.

Genau wie bei der Arbeit mit dem inneren Kind, können Sie auch jetzt die visuelle Vorstellungskraft zu Hilfe nehmen, um dieses Potenzial besser kennenzulernen. Probieren Sie es einfach aus, Sie haben ja nichts zu verlieren.

ÜBUNG

Suchen Sie sich einen ruhigen und bequemen Platz, an dem Sie ca. 15 Minuten ungestört sind. Etwas zum Schreiben sollten Sie neben sich parat legen.

Stellen Sie sich jetzt einen Dämon vor. Keine Sorge, Sie werden anschließend nicht besessen von ihm sein. Es geht allein um Ihre Vorstellungskraft. Dieser Dämon kann groß, klein, menschlich, tierisch, formlos oder wie ein klassischer Teufel aussehen. Warten Sie ab, welches Bild sich vor Ihrem geistigen Auge formt und stabilisiert.

Nun schauen Sie sich dieses Wesen einmal ganz genau an. Was hat es für Eigenschaften? Was sind seine Waffen? Formulieren Sie das ganz präzise, und notieren Sie es. (Beispiele wären: Er ist listig, schnell, groß, furchteinflößend, mächtig usw. Als Waffen besitzt er Krallen, mit denen er zuschlägt, wenn ihm jemand zu nahe kommt. Er kann Feuer spucken und den Angreifer verbrennen.)
Versuchen Sie, dieses Wesen möglichst genau zu charakterisieren, und lassen Sie sich nicht beirren, wenn Sie scheinbar keine Waffen wahrnehmen. Dann bleiben Sie hartnäckig, und sagen Sie dem Wesen in Gedanken, es soll Ihnen seine Waffen zeigen. Zeigen Sie Interesse daran, dann wird es Ihnen sicher »auf den Leim gehen«. Sie haben sich lange genug an der Nase herumführen lassen.

Wenn Sie das alles notiert haben, stellen Sie sich gedanklich vor den Dämon, und sagen Sie ihm, er soll Ihnen nun das Zepter zurückgeben. Es ist das Symbol der Macht. Sie übernehmen ab heute wieder die Führung. Lassen Sie sich auch hier nicht mit: »Was denn für ein Zepter?« abspeisen. Bleiben Sie so lange hartnäckig, bis Sie das Zepter in den Händen halten. Vielleicht müssen Sie es ihm auch wegreißen. Es kann sehr unterschiedlich sein, wie lange das dauert und wie lange Sie darum kämpfen müssen. Sie sollten mit dem Dämon so entschieden reden wie mit einem großen, unerzogenen Hund. Sie müssen ihn erziehen und ihm sagen, was er ab jetzt zu tun hat. Er soll Ihr Leben schützen und muss dafür allerdings aufs Wort hören. Aber dafür bekommt er eine gute und wichtige Aufgabe und Ihre Aufmerksamkeit.

Sollte der Dämon nicht sofort auf Ihr Angebot einsteigen und wenig Begeisterung ausstrahlen, so machen Sie ihm nochmals klar, dass Sie zusammen mit Ihrem inneren Kind ab heute führen, und wenn er sich nicht unterordnet, dann suchen Sie sich einen anderen Dämon. Spätestens an dieser Stelle wird er kleinlaut einlenken. Erklären Sie ihm das neue Aufgabengebiet nochmals ganz genau: Du schützt meinen Leib und mein Leben, du hältst mir den Rücken frei, du hilfst mir bei schwierigen Situationen mit deiner Kraft, und du gibst mir deine Kraft, wenn ich Sie brauche, usw.
Geben Sie dem Dämon, dem Sinnbild für Ihr Ego, zum Abschluss einen Namen. Es kann natürlich auch sein, dass er oder es selbst einen Namen nennt. Stellen Sie ihn nun offiziell in den Dienst des neuen »Leibwächters« und sagen Sie ihm zur Abwechslung mal etwas Nettes. Beenden Sie die Übung an dieser Stelle und machen Sie nun die auf den nächsten Seiten folgende wichtige Nachbearbeitung.

Lesen Sie nun die Charakterbeschreibung des Dämons, die Sie während der Übung notiert haben, aufmerksam durch. Jetzt kommen Sie zum Geschenk des Tages: Das alles sind Eigenschaften, die Sie selbst besitzen! Anstatt nun in Widerstand zu verfallen, wäre es hilfreich, wenn Sie es einfach so stehen lassen könnten, denn nun beginnt die eigentlich wichtige Arbeit. Wie könnten Sie diese Eigenschaften und Fähigkeiten zu Ihrem und dem Wohl aller Beteiligten einsetzen? Wie könnte man diese Eigenheiten in etwas Positives umwandeln? Denn jede Energie hat mehrere Möglichkeiten, zum Einsatz zu kommen.

Einige Beispiele zur Umkehrung wären:

hinterlistig	→	listig, clever
zerstörerisch	→	kreierend, erschaffend
übermächtig	→	stark, unterstützend
herrschsüchtig	→	dienend, demütig
besserwisserisch	→	lehrend
arrogant	→	vorbildlich
stur	→	stabilisierend, hartnäckig
gewalttätig	→	kraftvoll, stark
angriffslustig	→	voranschreitend, klärend
ignorant	→	besonnen, gelassen

Erst wenn Sie diese *fiesen* Seiten an sich akzeptieren, können Sie durch eine Umkehr dieser Qualitäten an die große Kraft, die sich dahinter verbirgt, gelangen. Es gibt leider keinen anderen Weg als den durch die »Höhle des Löwen«.

Damit Sie sich mit der Übersetzung der Bilder, die in Ihrem Kopf entstanden sind, nicht überfordert fühlen, einige Ideen und Anregungen, die Ihnen dabei helfen könnten:

◆ Ein Dämon, der die Zähne zeigt, kann das Sinnbild für einen Menschen sein, der mit scharfen Worten Grenzen setzt.
Positiv eingesetzt, könnte dieser Mensch sich für andere einsetzen. Er wäre jemand, der sich eindeutig ausdrückt und auf den man sich emotional verlassen kann.

◆ Ein Dämon, der schwimmen oder tauchen kann, ist als Mensch in Auseinandersetzungen für andere schwer greifbar. Er weicht aus.
Positiv eingesetzt, könnte dieser Mensch durch Flexibilität und Schnelligkeit bereichern.

◆ Ein Dämon, der Feuer spuckt, wird als Mensch die Tendenz haben, laut zu werden, wenn er sich bedrängt oder überfordert fühlt.
Positiv eingesetzt, könnte dieser Mensch anderen mit seiner Kraft den Rücken stärken und sie dadurch fördern.

◆ Ein Dämon, der Krallen besitzt und diese auch einsetzt, kann als Mensch sehr verletzend sein.
Positiv eingesetzt, könnte dieser Mensch andere schützen, wenn sie es selbst nicht mehr können.

◆ Ein Dämon, der sich unsichtbar macht, entzieht sich gerne, wenn es unbequem wird.
Positiv eingesetzt, könnte dieser Mensch sich im richtigen Augenblick unauffällig verhalten, damit andere zur Geltung kommen.

Es sind sicherlich unangenehme Erkenntnisse, aber so wissen Sie wenigstens, woran Sie arbeiten können. Denn nur was Ihnen bewusst ist, können Sie auch ändern.

Es ist mehr als angebracht, von Zeit zu Zeit zu überprüfen, ob sich Ihr Dämon das Zepter und somit die Führung wieder stibitzt hat. Es kann vorkommen, dass es etwas dauert, bis er Sie als Führungsperson voll und ganz akzeptiert und anerkannt hat. Lassen Sie sich davon nicht entmutigen, und klären Sie immer wieder die *Regierungsverhältnisse* zwischen Ihnen beiden.

Persönliche Notizen

Wie lässt sich dieses Wissen im Alltag einsetzen?

Sie wissen jetzt um die gewaltige Kraft, die in Ihnen wohnt. Durch den Dämon haben Sie nun eine bildliche Vorstellung davon. Das Sinnbild hilft Ihnen, sich diese Kraft zu vergegenwärtigen und sie bewusster als bisher einzusetzen. Haben Sie z. B. ein schwieriges Gespräch vor sich, von dem Sie befürchten, dass Sie Ihren Standpunkt nicht vertreten können, dann holen Sie vorher gedanklich Ihren Dämon zu sich, und bitten Sie ihn darum, Sie mit der nötigen Kraft zu versorgen und Ihnen dabei zu helfen, Ihren Standpunkt stark, aber respektvoll der anderen Person gegenüber zu vertreten. Sie werden sehen, dass es funktioniert. Diese Technik kann auf jede Situation angewendet werden, in der Sie sich klein fühlen und das Gefühl der Kraft- oder Machtlosigkeit haben. Es geht nicht darum, den anderen oder sich selbst zu verletzen, sondern für die eigenen Bedürfnisse einzustehen und auf sich aufmerksam zu machen. Die nötige Durchsetzungskraft dafür bekommen Sie von Ihrem Dämon.

Dämon	→	bildliche Vorstellung des Egos
Ego	→	Lebenswille

Opfer oder Schöpfer?

Eine der größten Herausforderungen für den Menschen ist die Vergegenwärtigung und Auflösung von Opferbewusstsein.

Menschen, die in einer Opferhaltung leben, können nicht selbst gestalten. Sie sind immer das Opfer von irgendwelchen Umständen, Menschen oder Dingen. Sie stehen somit immer in Abhängigkeit zu irgendetwas und können auch keine wirklich freien Entscheidungen treffen. Aber diese Haltung hat auch ihre Vorteile: Sie ist bequem. Denn wenn immer die anderen schuld am eigenen Unglück sind, dann hat man auch stets jemanden, auf den man schimpfen kann, wenn etwas misslingt. Der Hund vom Nachbarn ist schuld, dass man ein Nervenbündel ist und nicht zur Ruhe kommt, der Partner ist schuld, dass man sich einsam fühlt, weil er zu oft unterwegs ist, usw. Das Dumme daran ist aber, dass man aus diesem Teufelskreis auch dann nicht herauskommt, wenn man dafür sorgt, dass der Hund vom Nachbarn nicht mehr bellt oder der Partner abserviert wird. Es wird nämlich nicht lange dauern, bis neue *Darsteller* ins Leben treten, und man hat wieder jemanden, der schuld ist, dass man ein Nervenbündel ist.

Dieser Kreislauf kann endlos fortgesetzt werden, aber wirklich glücklich macht es den Menschen nicht. Die Opferhaltung ist ein Anteil, der dem unerlösten Ego entspringt. Es hat sehr viel mit Macht zu tun, wenn man sich ihr hingibt. Denn jedes Opfer wird auch zum Täter, ob es will oder nicht.

Menschen mit Opferbewusstsein wären in erlöster Form starke Führungspersönlichkeiten. Da sie diese Fähigkeiten aber nicht bewusst einsetzen, lenken und kontrollieren sie andere unbewusst durch ihre Opferhaltung. Die Mitmenschen nehmen Rücksicht auf das *arme Ich* und lassen sich dadurch manipulieren. Es wäre für alle Beteiligten besser, wenn diese Menschen zu ihrer naturgegebenen Dominanz stehen würden und sie bewusst nutzen würden, anstatt auf ihrer Opferrolle zu beharren. Denn so könnte ihr Talent zum Wohle aller Beteiligten eingesetzt werden. Aus solchen Strukturen auszusteigen, ist sehr schwer, denn wer hat schon den Mut, einem Opfer Grenzen zu setzen und somit die Regeln zu verändern? Denn das Opfer wird schnellstens nach Verstärkung suchen, um seine Haltung durch andere Menschen zu untermauern.

Es ist nicht tragisch, wenn man dieses Bewusstsein bei sich selbst entdeckt. Man ertappt sich vielleicht bei Gedanken wie: »Wegen ihm/ihr geht es mir jetzt schlecht.« Wichtig ist, in diesem Moment innezuhalten und sich zu fragen, wem diese Haltung letztendlich hilft, außer dem eigenen Ego. Wenn man dann versucht, zu formulieren, um was es einem wirklich geht, dann wird schnell klar, dass man einen anderen Weg als den der Opferhaltung einschlagen muss, wenn man das Leben mitgestalten möchte.

Entscheidet man sich für Eigenverantwortung und Authentizität, so stehen viele Türen im Leben offen, die sonst verschlossen blieben. Der Nachteil daran ist, dass man niemandem mehr die Schuld für eigene Fehlentscheidungen geben kann.

Opfer von Verbrechen, vor allem Kinder, sind mit den oben genannten Erklärungen nicht gemeint und somit aus dieser Argumentation ausgeschlossen!

Kapitel 5

BEZIEHUNGSFÄHIGKEIT LERNEN

Authentizität

Viele Menschen benutzen dieses Wort, aber wenn es darum geht, es einfach und plausibel zu erklären, bleiben die meisten auf der Strecke. Authentizität scheint etwas sehr Großes zu sein und es zu erreichen, scheint sehr schwierig. Und hinzu kommt der Fakt, dass gerade diejenigen, die sich selbst als authentisch bezeichnen, meistens alles andere als das sind. Sonst müssten sie es schließlich nicht lautstark betonen. Es ist im Prinzip etwas sehr Einfaches.

Die Grundlagen für Authentizität sind:

- Ehrlichkeit sich selbst gegenüber. Damit ist die schonungslose Ehrlichkeit gemeint, die nichts beschönigt, erst recht nicht die eigenen Schwächen und persönlichen Irrtümer.
- Ein authentischer Mensch handelt im Einklang mit seinen Gefühlen, handelt eigenverantwortlich, lebt seine Begabung und akzeptiert seine eigene Unvollkommenheit.
- Ein authentischer Mensch steht hinter seinen Entscheidungen, egal ob sie sich später als richtig oder falsch herausstellen. Er traf sie in dem Moment so gut, wie er sie treffen konnte.

♦ Authentizität heißt nicht, perfekt zu sein, alles zu wissen, zu können oder zu erreichen. Es bedeutet vielmehr, zu jedem Zeitpunkt sein Bestes zu geben und den größtmöglichen Einsatz zu bringen.
♦ Es bedeutet, sich selbst mit allen Stärken und Schwächen zu achten, zu respektieren und zu akzeptieren.
♦ Es bedeutet, sich selbst und andere zu lieben und den Charme der Unvollkommenheit für sich entdeckt zu haben.

Warum fällt die Umsetzung dieser Dinge so schwer? Man bemüht sich schließlich Tag für Tag, ehrlich, kritikfähig, liebevoll und freundlich zu sein. Authentizität geht einfach noch einen Schritt weiter. Solange man noch abhängig vom Urteil der Mitmenschen ist, wird es sehr schwierig, gleichzeitig authentisch zu sein. Schließlich möchte man ja niemandem auf den *Schlips treten*. Man möchte nicht riskieren, abgelehnt zu werden. Authentizität bedeutet, die Wahrheit zu sagen und sich und andere aus Furcht vor möglichen Konsequenzen wie Ablehnung, Liebesentzug oder Wut nicht zu schonen.

Die Wahrheit kann man im Übrigen auch sehr achtsam und voller Respekt formulieren und zum Ausdruck bringen. Wenn man beispielsweise seit langem in der Partnerschaft unglücklich ist und schon viele Monate oder Jahre über Trennung nachdenkt, dann ist es mehr als überfällig und fair, den Partner darüber aufzuklären.

Man hat es sich bisher noch nicht getraut, weil:
♦ er/sie der Vater/die Mutter der Kinder ist.

Daran wird sich nichts ändern. Wenn man sich als Paar trennt, so bleiben beide die Eltern der Kinder und spielen weiterhin eine wichtige Rolle.

- man fürchtet, die Kinder zu traumatisieren.

Wenn man ernsthaft glaubt, die Kinder hätten von den Gedanken, die einem durch den Kopf gehen, noch nichts mitbekommen, dann unterschätzt man sie gewaltig. Die Kinder haben die Beziehungsprobleme längst gefühlt. Den Kindern eine heile Familie vorzugaukeln kann viel mehr traumatisieren als eine klare und offensichtliche Entscheidung. Den Kindern geht es immer so gut, wie es den Eltern in Wirklichkeit geht!

- man finanziell abhängig ist.

Es gibt immer Möglichkeiten, sich finanziell unabhängig zu machen. Beispielsweise durch Arbeit wie etwa Kinderbetreuung oder Unterhaltszahlungen.

- man emotional abhängig ist.

Das bedeutet, den anderen zu brauchen, um sich zu fühlen, egal wie. In diesem Falle ist man nicht im Kontakt mit dem inneren Kind, also mit sich selbst.

- man Angst vor dem Alleinsein hat.

Auch hier ist die Vereinigung mit dem inneren Kind bzw. dem Emotionalkörper notwendig, denn Alleinsein kann auch etwas sehr Wohltuendes sein.

- man endlich mal eine lange und konstante Beziehung will.

Sich selbst etwas beweisen zu wollen, ist eine Art Trotzreaktion und keine gute Basis für eine Beziehung.

- man ein gemeinsames Haus besitzt.

Das ist kein wirkliches Hindernis, wenn man sich entschieden hat.

♦ man den anderen nicht verletzen möchte und man befürchtet, dass er oder sie ausrastet.

Dann verletzt man lieber weiterhin sich selbst, anstatt zu den eigenen Gefühlen zu stehen. Auf die Dauer ist das keine wirkliche Lösung und zudem ungesund.

♦ man sich selbst nicht eingestehen möchte, dass man die falsche Wahl getroffen hat.

Sich selbst eine Niederlage einzugestehen, ist manchmal schwer, aber mit der richtigen Einstellung kann man im Leben nur gewinnen.

Genau genommen sind all das nur Ausreden, um nicht ehrlich zu sich selbst sein zu müssen.

Aber wirklich ehrlich zu sein, bedeutet, zu diesen Gefühlen zu stehen und die Konsequenzen zu tragen, auch wenn sie mitunter sehr unangenehm sein können. Die Wahrheit ist mitunter gar nicht das Problem, sondern dass man so lange damit wartet, bis man sie zum Ausdruck bringt. Denn man kann auch mit Respekt und Achtung ehrlich sein, indem man beispielsweise das, was den Partner positiv auszeichnet, ebenfalls zum Ausdruck bringt und somit würdigt. Es geht darum, zu sich selbst zu stehen und nicht darum, alte Rechnungen zu begleichen. Alte Geschichten auf den Tisch zu zerren und zu sagen: »Du hast damals ja auch …«, bringen niemanden weiter und dienen auch nicht der Wahrheit.

Was hat Authentizität mit den eigenen Kindern und mit dem inneren Kind zu tun?

Wenn man im Einklang mit dem inneren Kind bzw. dem Emotionalkörper ist, dann kennt man seine Bedürfnisse und hat Zugriff auf die eigene Intuition. Genau diese Dinge braucht man, um Entscheidungen zu treffen, hinter denen man stehen kann.

Hat man eigene Kinder, so muss man tagtäglich viele Entscheidungen mit und für die Kinder treffen. Kann man hinter diesen Entscheidungen stehen, wird man mit ungerechten Vorwürfen besser umgehen können. Man vermittelt den Kindern Sicherheit, vorausgesetzt, man hat im Sinne der Kinder entschieden. Man ist so etwas wie ein Anwalt für sie, bis die Kinder sich selbst vertreten können. Und das können Kinder übrigens schon sehr früh.

Man sollte nicht zu viele Ratschläge von außen einholen. Denn wenn man sechs Menschen um Rat fragt, so bekommt man sechs verschiedene Antworten, und am Ende entscheidet man sich sowieso für die siebte, die eigene Variante.

Das bedeutet, wenn man zu sich selbst steht, kann man auch hinter den Kindern stehen. Die Kinder nehmen einen ernster, weil man sich selbst ernst nimmt. Sie achten einen, weil man sich selbst achtet. Kinder brauchen keine perfekten Eltern, sondern authentische Erwachsene, die auch mal Fehler machen und an denen sie sich orientieren können. Das Wichtigste für Kinder sind Liebe, Zuneigung, Zärtlichkeit, Zeit und Zukunftsperspektiven. Bevor man das seinen Kindern allerdings geben kann, muss man in der Lage sein, sich das selbst auch geben zu können. Und um genau das zu lernen, gibt es die Arbeit mit dem inneren Kind. Das bedeutet, dass die Kinder von innerer Sicherheit ihrer Eltern profitieren. Kinder nehmen Eltern ernster, wenn sie ehrlich sind. Wenn man den pubertierenden Kindern sagt: »Du darfst nicht rauchen«, aber man raucht selbst, wie soll das Kind das ernst nehmen und akzeptieren? Es ist nicht tragisch, etwas nicht zu wissen oder zu können, tragisch ist allerdings, es vor den Kindern zu vertuschen. Und dann auch noch zu glauben, sie würden es nicht merken.

Genauso funktioniert das im Umgang mit sich selbst. Man hat eine Schwäche, aber gesteht sie sich nicht ein. Das bedeutet, dass man immer wieder in Situationen geraten wird, die einen daran erinnern. Also warum Dinge vor sich selbst verbergen, wenn man sie letztendlich doch nicht abschütteln kann? Es ist reine Zeitverschwendung, und man sollte seine wertvolle Zeit wirklich besser nutzen. Beispielsweise im Einklang mit den eigenen Gefühlen und mit sinnvollen Entscheidungen.

Wenn es den Eltern gutgeht, geht es auch den Kindern gut. Nicht umgekehrt!

Die Kinder als Spiegel

Kinder übernehmen eine wichtige Funktion und Aufgabe in unserem Leben, so wie wir umgekehrt für sie. Kinder (und übrigens auch Tiere!) spiegeln tagtäglich, wie es im eigenen Inneren tatsächlich aussieht. Das liegt ganz einfach daran, dass sie sich über das Gegenüber definieren lernen, begreifen und sich das meiste abgucken. Überspitzt formuliert, müsste man Kinder gar nicht erziehen, da sie sowieso alles nachmachen. Man müsste es *nur* authentisch vorleben. Aber genau da liegt das Problem.

Kinder spiegeln Dinge, die einem selbst oft nicht einmal bewusst sind. Aber genau darin liegt die große Chance, die man mit Kindern hat. Man ist zwar der Meinung, dass man entspannt und glücklich ist, aber unterschwellig herrscht in einem großer Druck und Angst. Dann werden Kinder genau diese unangenehmen Gefühle spiegeln, indem sie entweder ängstlich oder wie unter Druck handeln, oder sie bringen die Eltern durch ihr Verhalten zu genau diesen Gefühlszuständen und holen das, was man verbergen wollte, somit an die Oberfläche.

Hat man den Mut und schaut in diesen Spiegel, so kann man sich mit Kindern und Tieren unglaublich gut weiterentwickeln und braucht keinerlei, mitunter teure Seminare dafür.

Für dieses Phänomen gibt es tagtäglich viele Beispiele:

Vielleicht hatte man bisher ein sehr liebes und umgängliches Kind. Plötzlich verändert es sich sehr stark und wird angriffslustig und herausfordernd. Es bringt seine Aggression unerwartet zum Ausdruck und wird schließlich zum Problemkind ernannt. Das Kind muss zum Pädagogen, Psychologen oder wird vom Arzt vielleicht sogar als hyperaktiv betitelt und mit Medikamenten wie z.B. Ritalin behandelt. Dass so das wirkliche Problem nicht wirklich gelöst wird, kann man sich denken.

Es gäbe noch eine andere Variante zur Besserung: Man könnte sich das Kind einmal genau anschauen und sich fragen:

1. Was nervt mich an seinem Verhalten am meisten? Z. B.: die Ignoranz, meine Machtlosigkeit usw.
2. Welches Gefühl wird durch das Kind in mir verursacht? Z. B.: Ich fühle mich ignoriert, machtlos, übergangen.
3. Kenne ich das Gefühl aus meiner eigenen Kindheit?

Sicherlich wird man die dritte Frage mit Ja beantworten. Schnell wird klar, dass tief in einem noch Dinge vergraben sind, die aufgearbeitet werden sollten – alte Verhaltensmuster und Glaubenssätze (siehe Kapitel 4).

Man müsste in diesem konkreten Fall überlegen, wie es um die eigene Aggressivität bestellt ist. Wenn man sie unterdrückt und nicht erlaubt, dann ist es eigentlich kein Wunder, dass das Kind den Part für die Eltern übernimmt. Die Energie muss ja schließlich irgendwo hin!

Es geht darum, für diese Gefühle wieder Verantwortung zu übernehmen und sich ihnen bewusst zu widmen. Dann hat das Kind eine wichtige, naturgegebene Aufgabe erfüllt und muss das nicht mehr spiegeln. Man kann es dem Kind auch erklären. Es ist erstaunlich, was dann passiert und wie schnell sich Kinder wieder verändern und unbequeme Verhaltensweisen ablegen.

Eine Möglichkeit, damit umzugehen, wäre:
Ich habe erkannt, dass ich ein Problem habe, wenn ich ignoriert werde, weil meine Eltern das mit mir machten, wenn ich nicht funktionierte. Ich werde daran arbeiten, mich damit auseinandersetzen und es aus deiner Verantwortung zurück in meine nehmen. Es ist nicht

deins, und du musst es nicht für mich zum Ausdruck bringen. Ich habe dich lieb und ich bin dir dankbar, dass du mich darauf aufmerksam gemacht hast. Ich weiß nun, was mir Probleme macht und was ich ändern muss.

Auch wenn die Kinder sehr, sehr klein sind, verstehen sie vielleicht die Worte an sich nicht, aber sie fühlen, dass man etwas von ihnen zurück in die eigene Verantwortung nimmt. Sie fühlen veränderte Bedingungen. Man sollte niemals die Wahrnehmungsfähigkeit der Kinder unterschätzen.

Bedeutet das, dass ich als Elternteil daran *schuld* bin, dass mein Kind Probleme macht? Aggressiv, unaufmerksam, provokativ usw. ist?

Schuld hat damit überhaupt nichts zu tun. Es ist vielmehr so, dass alle Menschen miteinander vernetzt sind. Die einen mehr, die anderen weniger. Das Leben des einen hat Einfluss auf das Leben des anderen, sie finden nicht losgelöst voneinander statt. Wenn man es einfach als naturgegebene Einrichtung versteht und es nicht bewertet, dann liegt darin eine unglaublich große Gelegenheit zur geistigen Entwicklung. Wenn man als Mutter oder Vater beispielsweise völlig überfordert ist, es sich aus Pflichtgefühl aber nicht eingesteht, dann werden die Kinder unbewusst den Druck auf die Eltern erhöhen, damit es einem bewusst wird und man die Situation verändert. Denn die Kinder leiden auch darunter, wenn etwas Derartiges in der Luft liegt, aber nicht zum Ausdruck kommt. Also tun sie es auch für sich selbst, damit die Atmosphäre zu Hause wieder wahrhaftiger und tatsächlich harmonischer wird.

Eltern, die hauptsächlich ihre Pflicht erfüllen, sind für Kinder nicht wirklich greifbar. Fühlt man sich also beispielsweise überfordert, so muss man sich fragen: »Was bräuchte ich, damit es mir wieder bessergeht?« und es Stück für Stück in die Realität umsetzen. Es ist alles nur eine Frage der Organisation.

Es ist sehr befreiend, das Wort *Schuld* durch das Wort *Verantwortung* zu ersetzen. Außerdem wird man so erst wirklich handlungsfähig, denn Schuld lähmt.

Schuld, Selbstverantwortung und Vergebung

Schuld bedeutet, dass etwas nicht im Gleichgewicht ist. Leider wird das Wort aber benutzt, um Menschen klein zu halten und zu manipulieren. Schuld ist etwas von Menschen Gemachtes und ist in aufgelöster Form nichts anderes als Verantwortung. Schuld hilft niemandem wirklich, es ist ein reines Machtinstrument. Denn derjenige, der jemandem Schuld zuweist, fühlt sich stark und mächtig, denn dafür gibt es keine wirkliche Lösung. Es entsteht eine Abhängigkeit zwischen dem Schuldzuweisenden und dem scheinbar Schuldigen.

Verantwortung dagegen ist etwas Gewinnbringendes. Jeder muss irgendwann die Verantwortung für sein Denken und Handeln übernehmen, spätestens, wenn man stirbt. Dann findet eine Art Lebensrückschau statt, die nichts beschönigt, die aber auch honoriert, wenn man sich zu Lebzeiten bemüht hat. Es wartet keine Strafe auf die himmlischen Ankömmlinge.

Daher ist es sinnvoll, nicht von Schuld, sondern von Selbstverantwortung oder auch Eigenverantwortung zu sprechen. Es ist nicht nur die Verantwortung gemeint, die man tagtäglich für die Kinder, am Arbeitsplatz oder dem Partner gegenüber hat. Es bedeutet, sich selbst zu achten und dafür zu sorgen, dass es einem gutgeht. Man sollte lernen, Entscheidungen bewusster zu treffen und die Bereitschaft entwickeln, die Konsequenzen daraus zu tragen.

Das bedeutet, dass man mitunter sogenannte »falsche« Entscheidungen trifft. Aber genau durch diese lernt man ja den Unterschied zu sogenannten »richtigen« Entscheidungen. Sich selbst diese Fehlentscheidungen und die Folgen daraus zu vergeben, ist einer der wichtigsten, aber auch der schwierigsten Schritte im Leben. Man kann sich immer wieder selbst vorwerfen, dass man scheinbar falsch entschieden hat. Das bedeutet allerdings, dass man sich im Kreis dreht und nicht weiter voranschreiten kann. Man richtet auch in diesen Situationen wertvolle aggressive Kraft gegen sich selbst.

Sich selbst zu vergeben heißt zu begreifen, dass man so gut entschieden hat, wie man es zu diesem Zeitpunkt konnte. Später ist man immer schlauer, da die Erfahrung bereits gemacht wurde. Fehler sind wichtige Erfahrungen und notwendig, um sich und sein Bewusstsein weiterzuentwickeln. Wirkliche Weisheit kommt von Wissen, und Wissen stammt aus Erfahrung. Die Erwartungen an sich selbst sind oft so groß, dass man sie gar nicht erfüllen kann. Deshalb sollte man liebevoller mit sich selbst umgehen und sich scheinbare Fehler vergeben, denn die Mitmenschen haben es wahrscheinlich längst getan.

Es ist nicht leicht, sich zu vergeben, wenn man erkennt, dass man selbst dazu beigetragen hat, dass die eigenen Kinder Probleme entwickelt haben. Aber es ist für diese Erkenntnis nie zu spät, und es ist jederzeit möglich, die eigenen Themen wieder zurück in die eigene Verantwortung zu nehmen. Wenn Kinder spüren, dass Eltern wirklich begreifen und sich tatsächlich etwas verändert, dann sind sie sehr bald versöhnlich. Kinder vergeben sehr schnell, wenn sie fühlen, dass sich eine ehrliche Wandlung in den Eltern vollzieht. Egal, wie alt die Kinder sind, es ist jederzeit entlastend, und es stellt die natürliche Ordnung, das Gleichgewicht in der Familie wieder her.

Und genauso, wie es sich mit den eigenen Kindern verhält, gilt dies auch für den Kontakt mit dem inneren Kind. Es spielt keine Rolle, wie alt man ist, es lohnt sich immer!

Was ist »falsche« Verantwortung?

Das richtige Maß zu finden – bis wohin braucht jemand Unterstützung, und ab wann ist er alleine in der Lage, Verantwortung zu tragen – ist nicht immer leicht. Vor dieser Herausforderung steht man oft mit kleinen Kindern oder bei der Betreuung alter oder hilfebedürftiger Menschen. Sinnvolle Unterstützung sieht folgendermaßen aus: Man hilft dem anderen gerade so viel, wie er braucht, um das angestrebte Ziel zu erreichen; man lässt die Verantwortung für die Handlung bei dem anderen und hilft nur so viel, wie wirklich notwendig ist. Falsche Verantwortung wäre, dem anderen die komplette Handlung abzunehmen. So kann der andere nichts lernen.

Folgendes Beispiel zeigt, dass es keinem, außer dem eigenen Ego hilft, wenn man den anderen zu viel abnimmt: Das fast erwachsene Kind wohnt noch zu Hause, und die Mutter beschwert sich, dass sie sich immer noch um alles Mögliche kümmern muss. Der Nachwuchs lässt sich hängen und vernachlässigt seine Pflichten. Weil es die Mutter nervt, bringt sie die Dinge, welche ihr Kind liegen lässt, immer wieder in Ordnung und nimmt dem Kind damit andauernd die Verantwortung ab. Der Nachwuchs weiß inzwischen, dass er nur lange genug warten muss, denn Mutter regelt es ja. Würde die Mutter diese falsche Verantwortung nun nicht mehr übernehmen, sondern das Kind Bekanntschaft mit den Konsequenzen seines Nicht-Handelns machen lassen, so würde das Kind die Verantwortung früher oder später übernehmen müssen.

> Man nimmt anderen Menschen große Entwicklungschancen, wenn man ihnen zu viel abnimmt. Und sich selbst dient man damit auch nicht.

Direkte Kommunikation

Das Leben zeigt immer wieder, welche bedeutende Rolle die Kommunikation spielt. Sie schafft Verständnis füreinander und hilft, sich gegenseitig auszutauschen und zu unterstützen. Zumindest sollte das so sein.

Die Praxis zeigt leider immer wieder, dass vielen Menschen die Möglichkeit dieses wunderbaren Hilfsmittels noch nicht bewusst ist. Eine direkte Kommunikation setzt nämlich voraus, dass Sie wissen, was Sie eigentlich zum Ausdruck bringen wollen. Und genau darin steckt auch schon das größte Problem. Wenn Sie genau wüssten, was Sie fühlen und brauchen, dann könnten Sie es auch sagen. Und darauf zielt die Arbeit mit dem inneren

Kind unter anderem ab. Wenn Sie die wirkliche Motivation für Ihre Handlung erkennen, dann kann diese auch zum Ausdruck gebracht werden. Es gibt ein paar einfache und sehr effektive Kommunikationsregeln. Wenn Sie diese beherzigen und umsetzen, ändert sich schnell einiges im Miteinander, was vorher unmöglich erschien. Gerade im Umgang mit Kindern wirkt eine direkte und gewaltlose Kommunikation Wunder. Und nicht nur im Umgang mit anderen, sondern auch im Umgang mit sich selbst, wäre ein liebevolleres Miteinander sehr hilfreich. Denn das eine hat auf das andere Einfluss, ob Sie wollen oder nicht.

Hilfreiche Kommunikationsregeln

Für das Sprechen:

♦ Fragen Sie vor Beginn, ob der andere Ihnen gerade zuhören kann. Wenn nicht, vereinbaren Sie einen anderen Zeitpunkt für das Gespräch.
♦ Verwenden Sie Ich-Botschaften (»Ich fühle mich …«). Du-Sätze beinhalten meist Angriffe und Vorwürfe und führen verständlicherweise zu Gegenattacken.
   Beispiel: »Wegen dir geht es mir total schlecht!« Besser wäre: »Ich fühle mich heute nicht gut.«
♦ Bleiben Sie während einer Auseinandersetzung in der Gegenwart. Alte Unstimmigkeiten aufzuwärmen führt lediglich dazu, dass der andere sich verteidigt.
   Sätze wie: »Nie machst du …« oder »Immer machst du …« führen dazu, dass der andere das Gefühl hat, dass Sie alles an ihm in Frage stellen.
♦ Erwähnen Sie auch positive Dinge. Geben Sie dem anderen während des Gesprächs Wertschätzung für das, was er gut kann und macht.

Für das Zuhören:

♦ Zeigen Sie dem anderen, dass Sie ihm zuhören. Schauen Sie ihn an, und seien Sie mit Ihren Gedanken wirklich bei dem Gespräch. Können Sie sich in diesem Moment nicht auf das Zuhören konzentrieren, dann seien Sie so ehrlich, und vereinbaren Sie gemeinsam einen anderen Zeitpunkt.

♦ Wenn Sie etwas nicht direkt verstehen, fragen Sie: »Wie meinst du das?«, damit Ihr Gegenüber gegebenenfalls noch einmal erklären kann, was er/sie tatsächlich meint.

♦ Nehmen Sie die Worte des anderen zuerst einmal auf. Sind Sie mit einer Aussage über sich selbst nicht einverstanden, dann sagen Sie nicht: »Das stimmt ja gar nicht«, sondern sagen Sie z. B.: »Es erstaunt mich, dass du das so wahrnimmst.« Die Wahrnehmung des anderen hat die gleiche Berechtigung wie Ihre eigene.

♦ Finden Sie abschließend ein paar nette und wertschätzende Worte über das gemeinsame Gespräch.

Diese Regeln lassen sich selbstverständlich auch bei Gesprächen mit Kindern anwenden. Versuchen Sie Schritt für Schritt, diese Anregungen umzusetzen. Ihre Gesprächspartner werden bis auf wenige Ausnahmen ebenfalls ihr Gesprächsverhalten ändern und die Kommunikation bekommt eine bessere Qualität.

Wichtig ist und bleibt allerdings das, was Sie wirklich ausdrücken wollen. Wenn Sie beispielsweise möchten, dass Ihr Partner jetzt sofort den Müll hinunter trägt, dann fragen Sie nicht: »Schatz, könntest du heute irgendwann noch den Müll runterbringen?«, sondern fordern Sie ihn am besten gleich dazu auf, wenn Sie möchten, dass er es sofort tut. Das wäre jedenfalls ehrlicher. Sonst bringt er den Müll tatsächlich erst irgendwann herunter, und Sie beginnen, sich zu ärgern. Zu einer guten Kommunikation gehört Ehrlichkeit und Respekt. Versteckte Erwartungen machen alles nur unnötig kompliziert.

Wirkliche Kommunikation findet erst dann statt, wenn beide die Möglichkeit haben, *nein* zu sagen. Das gilt übrigens auch für die Kommunikation mit Kindern!

Grenzen und Kontakt

Die meisten Irrtümer gibt es wohl in Bezug auf Kontakt und Grenzen. Viele Menschen setzen Kontakt mit Nähe gleich und Distanz mit Abgrenzung. Manche sind der Meinung, wenn sie sich von einer Person distanzieren, dann grenzen sie sich so auch ab. Das stimmt leider nicht, denn obwohl Distanz herrscht, kann trotzdem weiterhin eine emotionale Bindung bestehen. Sei es durch Hass, enttäuschte Erwartungen usw. Denn gerade negative Gefühle nähren emotionale Abhängigkeiten, egal wie viele Kilometer zwischen beiden Parteien liegen.

Hass macht abhängig.

Wozu braucht man Grenzen, und was verbirgt sich dahinter?

Grenzen geben Gefühlen ein Gefäß, das bedeutet, sie machen sie begreifbar. Der menschliche Körper ist sozusagen das Ausdrucksorgan für die Seele, damit sie ihre Erfahrungen machen und sich ausdrücken kann. Dieses

144

Gefäß lässt den Menschen fühlen und wirkliches Miteinander wird dadurch erst möglich.

Auf der anderen Seite verbinden Grenzen auch und ermöglichen Individualität und Einzigartigkeit. Durch die Grenze spürt man, dass es einen Unterschied zwischen *dir* und *mir* gibt. Nimmt man beispielsweise die Haut des Menschen: Sie ist die Grenze zwischen innen und außen. Sie ist für einige Dinge durchlässig, aber trotzdem trennt sie das Innere vom Äußeren. Durch die Haut spürt man Zuwendung und Ablehnung in Form von körperlichen Wahrnehmungen. Sie hält unter anderem das ganze Innenleben zusammen und gibt Sicherheit.

Genauso kann man sich das auf emotionaler Basis vorstellen. Auch dort existiert eine Grenze, zumindest sollte das so sein. Wenn diese Grenze berührt wird, so ist dies ebenfalls spürbar. Man spürt es in Form von Emotionen.

Wurden diese emotionalen Grenzen in der Kindheit allerdings attackiert oder sogar niedergerissen, so kann sich keine gesunde Grenze im Gefühlsbereich entwickeln. Das Dumme daran ist, dass man aber genau diese braucht, um wirklichen Kontakt zu sich und anderen Menschen herzustellen. Man ist ohne diese Grenze nicht kontakt- und beziehungsfähig.

Warum und wie kann die emotionale Grenze beschädigt werden?

Kinder erforschen und üben tagtäglich den Kontakt zum Leben, zu den Eltern, zu Freunden, indem sie die Grenzen testen. Aber nicht etwa mit Vorsatz oder, wie oft geglaubt wird, um die Eltern zu ärgern, sondern um ein Gefühl für das Miteinander zu bekommen und um ihren ganz individuellen Platz im Leben zu finden. Wenn ein Kind diesen Platz im Leben kennt, dann wird es dem Leben auch vertrauen können und kann sich voll und ganz auf die alltäglichen Herausforderungen konzentrieren.

Die häufigsten Ursachen für zerstörte oder beschädigte Grenzen sind:

♦ Gewalttätige Eltern
♦ Psychisch kranke Eltern
♦ Körperlich kranke Eltern
♦ Alkoholkranke Eltern
♦ Drogenabhängige Eltern
♦ Übergriffige Eltern
♦ Manipulierende Eltern

Aufgrund der oben genannten Bedingungen haben Kinder keine reelle Chance, eine gesunde emotionale Grenze zu entwickeln, da die Eltern für die Kinder kein verlässliches Vorbild darstellen. Die Kinder müssen sich ständig Sorgen um die Eltern machen und können sich somit nicht auf sich selbst konzentrieren. Sie versuchen, den schwachen Eltern Verantwortung abzunehmen und nehmen ständig auf irgendetwas Rücksicht. Diese Kinder fühlen sich unsicher, ungeschützt und allein und sind mit ihren Problemen auf sich selbst gestellt, da die Eltern überwiegend mit sich beschäftigt sind.

Kinder brauchen Eltern, auf die sie sich emotional verlassen können, damit sie Vertrauen ins Leben entwickeln können. Ein Kind, dessen *Nein* permanent ignoriert wird, kommt irgendwann zu der Überzeugung, dass es keine Grenzen setzen darf, da es sonst mit Bestrafung rechnen muss.

Die Grenzen von Kindern sind so zart wie kleine Pflanzen. Sie benötigen geschützten Raum und die richtigen Bedingungen, um sich gesund entfalten zu können. Oft ist es ja gar keine böse Absicht der Eltern, sich so zu verhalten. Die meisten Eltern geben immer ihr Bestes, aber oft ist es viel einfacher als gedacht. Man sollte öfter das Kind mit einbeziehen, wenn es um Entscheidungen geht, die schließlich auch das Kind betreffen, und fragen, was es möchte. Kinder können schon viel früher entscheiden, als wir vermuten.

Grenzüberschreitungen der Eltern finden viel öfter statt, als man glaubt. Wichtig ist, das zu erkennen und sein Verhalten dementsprechend zu verändern.

Hier einige Fragen, die das sehr deutlich machen:

- Warum muss ein Kind trotzdem die Oma küssen, obwohl es zum Ausdruck bringt, dass es das gerade nicht möchte?
- Warum klopfen die Eltern nicht an, bevor sie das Zimmer des Dreijährigen betreten, der gerade spielt?
- Warum muss das Kind trotzdem noch etwas essen, obwohl es offensichtlich nicht mehr möchte und das auch klar signalisiert?

Wenn man sich solche Fragen beantwortet, dann wird schnell klar, um was es wirklich geht. Es geht darum, den Auftrag des Elternseins möglichst perfekt zu erfüllen. Aber Kinder sind wesentlich anspruchsloser als man selbst. Sie wollen nur um ihretwillen geliebt werden und wissen, dass die Eltern da sind, wenn sie sie brauchen.

Hatte man nun selbst in der Kindheit keine Möglichkeit, solch eine Grenze aufzubauen, so kann man das als Erwachsener problemlos nachholen. Man kann sich diese emotionale Grenze vorstellen wie eine durchsichtige, durchlässige Hülle, die den ganzen Körper umschließt. Um also wieder eine gesunde Grenze aufzubauen, sollte man zuerst ein Gefühl dafür entwickeln. Wie fühlt es sich an, wenn jemand diese Grenze überschreitet? Wie fühlt es sich an, wenn ich Grenzen anderer überschreite? Bei diesem Prozess sind Übungen wie in Kapitel 7 beschrieben sehr hilfreich und unterstützend.

Man sollte Kindern also nur Grenzen setzen, die wirklich sinnvoll sind und das Kind in der individuellen Entwicklung nicht hemmen, sondern fördern und unterstützen. Genau das Gleiche gilt für einen selbst: Sich sinnlose Grenzen zu setzen oder sich andererseits permanent zu überfordern, weil man seine Grenzen nicht fühlt und sie daher missachtet, ist keine Lösung. Man sollte nicht warten, bis man sich verausgabt hat, sondern umsichtiger und verständnisvoller mit sich selbst umgehen und sich den nötigen Spielraum zur Entwicklung geben, den man braucht. Denn sobald man seine Grenze spürt und ein Gefühl dafür entwickelt hat, kann man Kontakt zu sich und anderen herstellen. Man kann dann auch die eigenen Bedürfnisse besser spüren, formulieren und für sie einstehen. Man kann sich besser zur Wehr setzen und sich selbst den Schutz geben, den man sich von den Eltern erhoffte. Und das sind schließlich alles Themen, die für den Prozess mit dem inneren Kind eine große Rolle spielen.

Verbindung und Bindung

Beide Worte klingen sehr ähnlich, unterscheiden sich aber in einem wesentlichen Punkt – der freien Entscheidung. Eine Verbindung basiert auf dem freien Willen zweier Menschen. Beide können sich frei entwickeln, ohne dass die Verbindung zwischen ihnen dabei zum Hindernis wird. Im Gegenteil: Das Wissen um ihre Verbindung stärkt und wirkt aufbauend. Wogegen eine Bindung auf Abhängigkeiten beruht, wie das Wort an sich schon sagt. Eine Bindung macht unfrei und hält zurück, da sie von Angst geprägt ist. Eine Verbindung hingegen basiert auf Vertrauen.

> Wenn eine Verbindung zur Bindung wird, lösen Sie sich
> von ihr, und verbinden Sie sich auf eine neue Weise.

Was ist wahrer Kontakt?

Es gibt die unterschiedlichsten Formen von Beziehungen, aber leider sind die meisten davon keine wahren Verbindungen. Viele sind auf Ängsten aufgebaut. Die Partner brauchen einander, um sich selbst einen Mangel zu stillen. Wenn man diese Tendenz allerdings durchschaut, kann man jede Beziehung bereichern, indem man sie von unnötigen Ängsten und schlechten Umständen befreit, um dann wahren Kontakt erleben zu können.

Im Folgenden sind fünf Varianten von Beziehungen schematisch dargestellt. Was wäre die Variante für gesunden Kontakt? Die Linie des Kreises steht dabei für die nicht sichtbare, emotionale Grenze, und der Punkt symbolisiert den Standpunkt des Menschen. Man kann sich diese Grenze auch vorstellen, als würde man ein Seil in Kreisform auf den Boden legen und sich dort hineinstellen. Die Perspektive der Zeichnung ist, als schaue man von oben auf sich hinunter.

Was ist gesunder Kontakt?

Kreuzen Sie bitte an, ob Sie die jeweilige Darstellung menschlichen Kontakts für gesund oder nicht gesund halten.

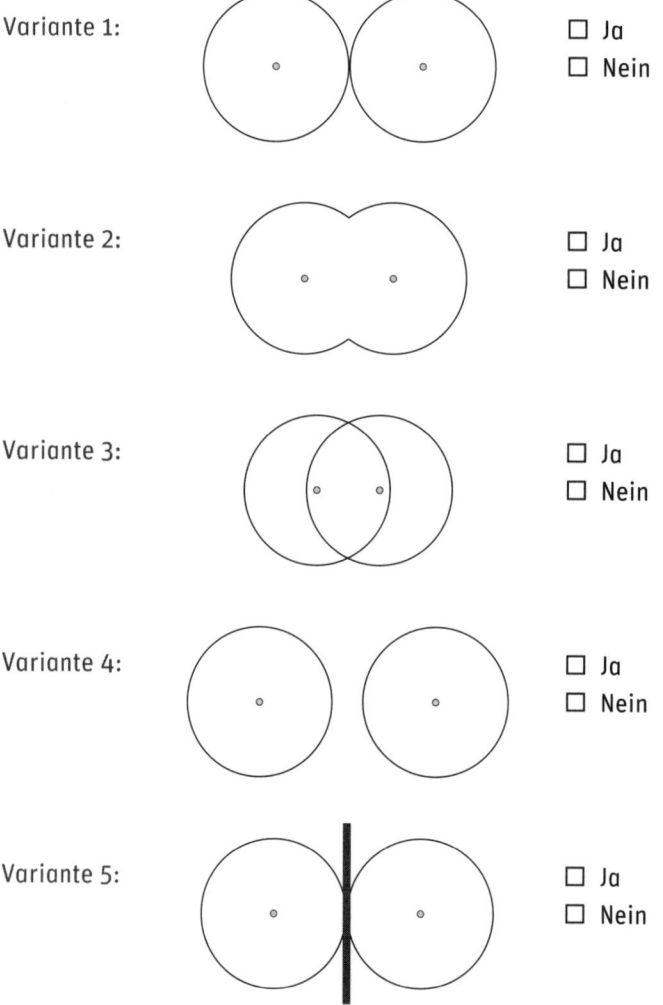

Variante 1: ☐ Ja ☐ Nein

Variante 2: ☐ Ja ☐ Nein

Variante 3: ☐ Ja ☐ Nein

Variante 4: ☐ Ja ☐ Nein

Variante 5: ☐ Ja ☐ Nein

Je nachdem, für was man sich entschieden hat, kann man nun konkrete Ursachen für Probleme in Beziehungen erforschen. Was das genau bedeutet, wird durch folgende Erklärungen nachvollziehbar.

Es gibt im Grunde genommen nur eine Situation, die für wirklichen Kontakt und Nähe steht. Es ist Variante 1. Alles andere sind Beziehungen, die auf Abhängigkeiten, Bedürftigkeiten und Ängsten basieren. Es handelt sich dabei um Kontaktvermeidungen. Es ist nicht dramatisch, das nun zu erkennen. Schade wäre vielmehr, es zu erkennen und nichts daraus zu machen.

Variante 1 stellt dar, wie eine echte Verbindung aussehen sollte: Beide Parteien haben einen eigenen Bereich für sich und können dem anderen dort begegnen, wo sich die Kreise berühren. Das kann ein gemeinsames Essen, ein Gespräch, Zärtlichkeit, aber auch eine Auseinandersetzung sein. Wichtig ist nur, dass keiner von beiden das Gefühl für sich selbst verliert und zu jeder Zeit seine eigenen Bedürfnisse fühlt und wahrnehmen kann. Beide können aus dem Kontakt, der Berührung herausgehen, wenn ihnen danach ist, ohne dass es die Grenze des anderen beschädigt oder attackiert.

Das ist bei Variante 2 ganz und gar nicht der Fall. Will sich einer von beiden aus solch einer Verbindung vom anderen lösen, so wird Schmerz und Unverständnis beim Verlassenen zurückbleiben. Der Verlassene wird sich unvollständig fühlen und lange brauchen, bis er sich von der Trennung erholt hat. Solange solch eine Bindung besteht, werden beide Parteien ihre eigenen Bedürfnisse nicht so ernst nehmen. Den anderen glücklich zu machen, ist das oberste Ziel, auch wenn man dabei eigene Prinzipien verraten muss. Hauptsache, dem anderen geht es gut, und man ist eins miteinander. Das klingt eigentlich schön und erstrebenswert, ist aber auf die Dauer leider nicht lebbar. Das klassische Beispiel dafür ist, wenn man frisch verliebt ist. Man braucht kaum Schlaf, kaum etwas zu essen, Hauptsache, man ist mit dem anderen zusammen und vereint. Freunde braucht man in dieser Zeit auch nicht, denn man hat ja alles, was man benötigt. Der Fokus richtet sich voll und ganz auf den Partner. Der Haken an dieser scheinbar wunderbaren Beziehung ist der, dass sie auf Dauer unfrei macht. Denn früher oder später kommt bei einem von beiden wieder das natürliche Bedürfnis nach Selbstverwirklichung und Momenten, die ohne den Partner stattfinden. Es gibt viele Partnerschaften, die an diesem Punkt scheitern, aber es gibt auch jene, die den Übergang in eine gesunde Beziehung schaffen.

Man nennt diese Form der Kontaktvermeidung mit anderen auch »Konfluenz«. Dahinter verbergen sich sogenannte »Symbiosewünsche«. Das bedeutet, dass man den Zustand zwischen Mutter und Baby wiederherstellt. Tatsächlich ist die einzige Situation, in der Variante 2 für begrenzte Zeit sinnvoll ist, die Schwangerschaft. Mutter und Kind spüren einander und sind am gleichen Blutkreislauf angeschlossen. Eine wichtige Zeit der Symbiose und des Einsseins des Babys mit der Mutter, um zu reifen und lebensfähig zu werden. Wurde dieser Zustand zu früh oder unschön beendet, trägt der betroffene Mensch im späteren Leben genau diese Sehnsucht in sich und versucht, den Mangel durch enge und konfluente Beziehungen auszugleichen.

Eine andere Art von Kontaktvermeidung ist Variante 3. Man nennt das Kompromiss. Ein Kompromiss bedeutet immer, dass man sich nur einigen kann oder eine gemeinsame Basis findet, wenn beide Menschen eigene Bedürfnisse zurückstellen. Das geht in manchen Situationen kurzfristig auch gut, aber als Dauerlösung bleibt ein Kompromiss für beide Seiten unbefriedigend. Denn es bedeutet, dass man niemals mit all seinen Fähigkeiten und Bedürfnissen im Leben des anderen Platz hat. Es ist mitunter ein hoher Preis, den man für solche Beziehungen bezahlt. Ein Beispiel dafür wäre eine Wochenendbeziehung: Die Partner führen ihr alltägliches Leben weit voneinander entfernt. Keiner möchte von seinem Wohnort und das wichtige, soziale Netz zurücklassen. Das bedeutet, dass man sich als Kompromiss am Wochenende sieht. Irgendwann möchte man aber, dass der Partner Teil des Alltags wird, und dann wird es schwierig. Wer geht aus seiner vertrauten Umgebung weg? Eine schwere Entscheidung. Es gibt Paare, die über einen langen Zeitraum räumlich getrennt voneinander leben und damit zufrieden sind. Sie sind sich einig darüber, am Leben des anderen nicht zu sehr teilnehmen zu wollen. In dieser Version herrscht zwar kein enger Kontakt, aber immerhin Aufrichtigkeit.

Wenn man Variante 4 bevorzugt, so ist man an wahrem Kontakt nicht interessiert, oder man hat im tiefsten Inneren Angst davor. Diese Variante nennt man Distanz. Man kann dem Partner körperlich sehr nah sein, ihm innerlich aber distanziert begegnen. Hier geht es um die emotionale Seite im Menschen. Hat man als Kind beispielsweise Nähe und Kontakt als erdrückend und als zu viel erfahren, so wird man als Erwachsener zu engen Kontakt vermeiden. Es ist selten, dass Menschen bewusst so handeln. Diese Strategien laufen überwiegend unbewusst ab, und deshalb leidet man auch so sehr darunter. Jemandem, der das mit vollem Bewusstsein macht, wird die Kontaktvermeidung selbstverständlich nicht wirklich zusetzen.

Es gibt aber noch einen weiteren großen Irrtum in Bezug auf Distanz. Wenn Menschen mit jemandem Schwierigkeiten haben, dann unterbrechen sie diesen Kontakt und gehen auf Distanz. Man redet nicht mehr miteinander und sorgt dafür, dass man sich nicht mehr über den Weg laufen kann. Diese Taktik wird fälschlicherweise mit Abgrenzung gleichgesetzt. »Ich habe mich abgegrenzt, indem ich mich distanziert habe«, ist ein klassischer Satz für diesen Irrtum. Es ist zwar ein Schritt, der dabei hilfreich sein kann, eine Grenze zu ziehen, aber die Lösung des Problems sieht anders aus. Wenn man eine gesunde Grenze hätte, dann könnte man der Person gegenüber, mit der man Schwierigkeiten hat, klar und deutlich die eigenen Grenzen zum Ausdruck bringen und sie notfalls auch verteidigen. Man braucht mit gesunden Grenzen keine Angst vor Kontakt und Auseinandersetzungen zu haben, denn man könnte ja, falls nötig, seine Grenze verteidigen.

Variante 5 symbolisiert eine Trennung, die nicht im gegenseitigen Einvernehmen stattfindet. Meistens geht solch einer Trennung eine konfluente Beziehung (Variante 2) voraus. Einem der Partner wird es zu eng, und er verschließt sich radikal vor dem anderen, indem er eine innere Mauer errichtet. Es ist auch möglich, dass ein Mensch solch eine Mauer um sich herum gebaut hat und trotzdem versucht, Kontakt zu anderen aufzunehmen. Es wird sicherlich nicht den gewünschten Erfolg bringen, da man mit dieser *Sicherheitseinrichtung* unbeweglich bleibt und sich nicht auf eine Beziehung einlassen kann. Kon-

Zusammenfassung – Kontakt und Kontaktvermeidung

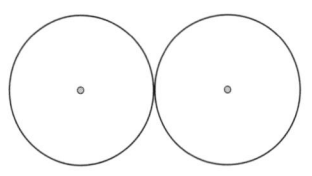

Nur so ist wirklicher **Kontakt** möglich.

Die Grenzen berühren sich,
sollten sich aber nicht überschneiden.

Beide Bereiche bleiben für sich intakt.

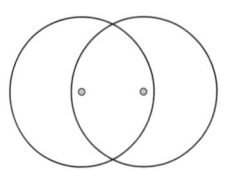

Kontaktvermeidung:

Das ist ein **Kompromiss** und nur für
begrenzte Zeit möglich.
Z. B.: Wochenendbeziehung.

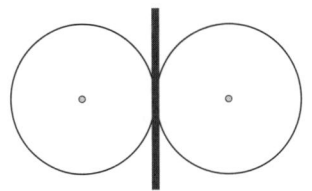

Kontaktvermeidung:

Darstellung einer **Trennung** und
Blockade.

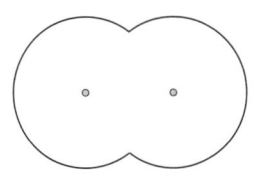

Kontaktvermeidung:

Diese Form nennt man **Konfluenz**.

Klassisches Beispiel dafür:
Frisch verliebt sein.

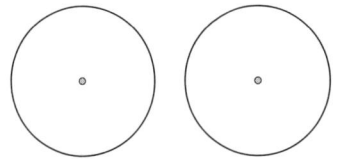

Kontaktvermeidung:

Diese Darstellung nennt man **Distanz**.

trolle wird hier die Oberhand haben, und somit kann sich auch kein Vertrauen entwickeln, welches allerdings für eine gesunde Beziehung unabdingbar ist. Ohne Vertrauen kann sich Liebe und Zuneigung nicht entwickeln. Liebe braucht diese vertrauensvolle Atmosphäre, um aufzublühen und um sich zu einem stabilen Baum zu entwickeln. Und um das in zwischenmenschlichen Beziehungen leisten zu können, sollte man bei sich selbst beginnen und es sich wert sein, eigene Grenzen zu wahren. Liebevollerer Umgang mit sich selbst spielt dabei eine ebenso große Rolle, wie Vertrauen in die eigenen Fähigkeiten und Gefühle zu entwickeln.

Wahre Liebe kann sich nur in Freiheit entfalten. Sie verkümmert sonst wie eine Pflanze unter schlechten Bedingungen.

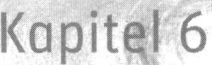

Kapitel 6

BEISPIELE
AUS DER PRAXIS

Meine persönlichen Erfahrungen

Diese Methode angewendet zu sehen und miterleben zu dürfen, welche kleinen (mitunter auch großen) Wunder dabei passieren, macht mich unsagbar demütig und dankbar. Ich möchte Sie daran teilhaben lassen, damit Sie wissen, dass Sie nicht der einzige Mensch sind, der diesen Prozess gerade durchläuft oder durchlaufen ist. Jeder geht seinen eigenen Weg, um irgendwann ans Ziel zu kommen. Es ist nicht wichtig, sein Ziel schnell zu erreichen, sondern sich auf den Weg zu machen.

Eine der eindrücklichsten Situationen bei der Arbeit mit dem inneren Kind war ein Seminar, an dem ich selbst als Teilnehmerin anwesend war. Wir formten dort das innere Kind mit geschlossenen Augen. Ich war sehr entspannt und zufrieden und hatte viel Spaß an dieser sensiblen Situation. Plötzlich hörte ich, wie eine andere Teilnehmerin anfing zu weinen. Sie begann, während des Formens zu schreien und schrie immer wieder: »Es ist tot, es ist tot, es ist tot!« Dabei schlug sie mit den Fäusten auf den Ton ein. Der damalige Seminarleiter reagierte sehr ruhig und besonnen und unterstützte sie in diesem Zustand. Sie schaffte es schließlich doch noch, etwas zu formen.

Als ich am Ende der Übung die Augen öffnete und sah, was sie in den Händen hielt, berührte es mich zutiefst. Sie hatte einen auf dem Rücken liegenden Engel geformt, dessen Flügel hauchdünn und zerbrechlich waren. Sie war selbst sehr erstaunt, dass sie das zustande gebracht hatte.

Bei dieser Frau baute sich langsam der Kontakt zu ihrem inneren Kind auf, und als ich sie einige Monate später wieder traf, hatte sie sich sehr zum Positiven verändert. Sie hatte den Mut aufgebracht, den Zustand ihres inneren Kindes zu betrachten und konnte ihm so neues Leben einhauchen. Diese Erfahrung hat mir gezeigt, wie wichtig diese Arbeit an sich selbst ist und nicht aufzugeben.

Eine andere, wunderschöne Beobachtung durfte ich machen, als ich ein Seminar leitete und die Teilnehmer ebenfalls das innere Kind formten. Ein Mann modellierte nach anfänglichen Anlaufschwierigkeiten eine kleine sitzende Figur. Anstatt sie auf den Boden zu stellen, um dort mit beiden Händen daran arbeiten zu können, hielt er die Figur in einer Hand wie ein kleines, verletztes Vögelchen und formte unglaublich vorsichtig und zärtlich an der Figur weiter. Es wirkte fast so, als würde er sie liebevoll streicheln. Es war solch ein schöner und friedvoller Anblick, dass ich ihn in keinem Fall missen möchte. Dieser Teilnehmer entwickelte einen sehr guten Draht zu sich selbst und bereicherte die Menschen durch seine sanfte und frische Lebensfreude.

Immer wieder sehr emotional und berührend sind die Zeremonien, die die Teilnehmer im Rahmen der Vertragsunterzeichnung zwischen sich und dem inneren Kind gestalten und durchführen. Sie alle beeindrucken mich tief, und es ist immer wieder eine Ehre, Zeuge sein zu dürfen.

Ein Teilnehmer arrangierte das Ritual genauestens nach den *Anweisungen* seines inneren Kindes. Er wählte spezielles Papier, machte einen richtigen Stempel, bastelte eine Kerze und schrieb den Vertrag in Form eines Gedichtes. Er bereitete einen kleinen Raum für die Unterzeichnung vor und schmückte das ganze Zimmer mit Kerzen. Als wir den Raum betreten durften, hatte man das Gefühl, als würde man Zeuge einer Hochzeit werden. Er hatte sich sehr schick angezogen und vollzog sein persönliches Vertragsritual, indem er das Gedicht vorlas und es am Schluss unterzeichnete. Dieser Teilnehmer hatte noch nie zuvor gedichtet, aber die Zeilen, die er vortrug, waren großartig. Um diesen Akt abzurunden, sollten ich und die Co-Trainerin als Zeugen unterzeichnen, und die übrigen Teilnehmer durften sich ebenfalls auf dem Papier verewigen. Ein Glas Sekt machte diesen feierlichen Akt vollkommen.

Für den Teilnehmer war es ein riesiger Schritt zur Selbstheilung. Er ist seitdem damit beschäftigt, sich mit seinen sensitiven Fähigkeiten selbständig zu machen und geht mutige Schritte in Richtung Zukunft. Für ihn war die Arbeit an sich selbst existenziell und wegweisend.

Eine andere Frau aus meinem Kurs versah ihre Vertragsunterzeichnung mit einem schönen Lied, welches sie uns vorsang. Sie hatte als Kind den Wunsch, in einem Chor zu singen, was sie allerdings viel Überzeugungskraft gekostet hatte, damit die Eltern es erlaubten. Das Lied, welches sie sang, war das erste Solo für diesen Chor gewesen, nachdem sie sich die Teilnahme daran schwer erkämpft hatte. Es hatte also eine sehr tiefe und große Bedeutung für sie, dass sie ausgerechnet dieses Lied sang, und wir durften daran teilhaben.

Umgekehrt gibt es natürlich auch Situationen, in denen Teilnehmer diesen Weg nicht durchziehen und dann an irgendeinem Punkt steckenbleiben.

Eine ehemalige Teilnehmerin kam ein Jahr nach dem Kurs zu mir und erzählte mir, wie schlecht es ihr immer noch ginge. Sie schob ihr Unglück auf den Ehemann und die Kinder. Ich fragte sie, ob sie mit dem inneren Kind weitergearbeitet hätte, aber sie verneinte und meinte, dass sie das vergessen hätte. Ich sagte ihr, dass ich sie nur dann unterstützen könne, wenn sie ihren Anteil dazu beitragen würde.

Es ist nicht wichtig, wann man am Ziel ankommt, sondern dass man überhaupt erst einmal losgeht.

Nun sind einige Jahre vergangen, und vor kurzem vereinbarte sie plötzlich einen Termin mit mir. Sie sagte, sie wolle jetzt doch weitermachen. Ich bin überzeugt, dass sie sich durch diese Entscheidung einen wichtigen Schritt näher gekommen ist.

Viele schöne, aber auch ergreifende Momente spielen sich ab, wenn die Menschen ihr inneres Kind *umarmen*. Damit ist die Geste gemeint, die in Kapitel 2 erarbeitet wird.

Ein solcher Moment war, als eine Frau während dieser Übung die Hände immer auf Abstand vor ihren Körper hielt. Ich bat sie, die Hände auf ihren Körper aufzulegen, um die Berührung wirklich spüren zu können. Ich erklärte ihr, dass der Körper die Geste sonst nicht als gemachte Erfahrung abspeichern könne. Und genau das ist ja wichtig, um sich in der Zukunft selbst helfen zu können. Sie fing an zu weinen und sagte: »Das kann ich nicht!

Es tut so weh und ich habe Angst, dass es dann wieder weg geht. Ich will mich nicht darauf einlassen, wenn ich es wieder verlieren muss oder es mir wieder weggenommen wird.« Diese Frau hatte sehr schlimme traumatische Erlebnisse in der Kindheit. Von Gewalt bis Liebesentzug war dort alles vertreten.

Ich erklärte ihr, dass sie heute die einzige Person ist, die darüber entscheidet, was mit ihr geschieht und was nicht. Kein anderer kann und darf das mehr tun. Das ist der Vorteil am Erwachsensein. Sie machte sich bewusst, dass ihre Eltern keine Macht mehr über sie haben, es sei denn, sie ließe es zu. Sie erlaubte sich Zärtlichkeit sich selbst gegenüber und legte ihre Hände an den Körper. Sie begann wieder heftig zu weinen und sagte: »Ich lasse es nie wieder los! Es gehört zu mir, und ich darf es verteidigen!«

Irgendwann ging das Weinen in ein Lächeln über, und sie saugte die Nähe und den Kontakt zu sich selbst auf wie ein vertrockneter Schwamm das Wasser. Sie sagte, dass sie nun endlich das Gefühl habe, bei sich angekommen zu sein, und dass sie zum ersten Mal in ihrem Leben das Gefühl habe, *satt* zu sein. Wie ein kleines Baby, das sich den Bauch an der Brust der Mutter voll geschlagen hat. Sie meinte, das nennt man wohl Zufriedenheit.

Eine andere Person, die mich sehr beeindruckte, war ein Mann, der in der Kindheit extreme, körperliche Gewalt durch seinen Vater erlebte. Er führte sein bisheriges Leben, indem er versuchte, Wut auf verschiedenste Art und Weise auszudrücken. Erst suchte er die Gewalt, und dann mied er sie. Das Tragische daran war, dass er ein sehr talentierter Mensch ist, der aber seine Talente nicht freisetzen kann, solange er seinen Emotionalkörper nicht integriert und beherrscht. Er verlor während der Arbeit an sich selbst fast den Kontakt zu seinem inneren Kind. Wir machten eine Familienaufstellung[2], um herauszufinden, welcher nächste Schritt für ihn hilfreich sein könnte. Während dieser Aufstellung teilte er einem Teilnehmer die Rolle seines inneren Kindes zu. Diese Person sprach dann aus, was er selbst nur fühlen, aber nicht formulieren konnte. Das innere Kind erklärte ihm, dass er sich nicht immer abwenden solle. Er solle zuhören und sich helfen lassen. Er sollte nicht mehr immer alles allein machen wollen. Die Situation war sehr emotional, und es flossen viele heilsame Tränen. Der Teilnehmer, der die Aufstellung machte, konnte der Wahrheit nicht mehr ausweichen, und er entdeckte die immense Kraft, die von seinem inneren Kind ausging. Er begann Vertrauen zu schöpfen und verstand, warum dieser Anteil in ihm so wichtig ist. Ohne diese Verbindung fehlt ihm die nötige Selbstsicherheit und emotionale Stärke, die er für seine zukünftigen Aufgaben dringend benötigt.

Auch bei den Interviews zur persönlichen Lebenssituation (siehe Kap. 2) kommt es immer wieder zu spannenden Momenten. Eine Frau, die gerade das Interview mit ihrem inneren Kind durchführte, schüttelte plötzlich heftig den Kopf und sagte immer wieder: »Das darf doch nicht wahr sein!« Ich fragte sie, was los sei, und sie erzählte mir, dass sie ihr inneres Kind gerade zu ihrem Ehemann befragt habe. Das Kind drückte so deutlich aus, dass es den Mann nicht ausstehen könne und dass es nicht verstehen würde, warum sie überhaupt noch bei ihm wäre. Sie gestand sich ein, dass genau das ihr erster Gedanke war, als sie den Mann kennengelernt hatte. Sie fand ihn extrem unsympathisch und konnte ihn nicht ausstehen.

Dann sagte sie mir, dass sie schon lange den Plan hegte, sich von ihm zu trennen, aber bisher davon ausgegangen war, dass es an ihr selbst liege, dass die Beziehung unglücklich sei, weil sie selbst nicht liebesfähig sei. Diese Jahre hatten sie so viel Energie gekostet, dass sie gar nicht mehr wusste, wie stark und wie liebesfähig sie in Wirklichkeit war. Sie versprach ihrem inneren Kind, sich jetzt zu trennen, denn es habe ja keinen Sinn, es herauszuzögern, wenn das innere Kind diesen Mann gar nicht ausstehen könne. Diese Frau hielt ihr Versprechen sich selbst gegenüber und trennte sich von ihrem Partner. Die Kraft, die sie in den letzten Jahren dafür verbraucht hatte, die Beziehung aufrechtzuerhalten, kehrte langsam zu ihr zurück. Sie orientierte sich neu und lernte später einen Mann kennen, der auch dem inneren Kind sehr gut gefiel.

Das sind genau die Schritte, für die man großen Mut benötigt: eigene Fehlentscheidungen zu korrigieren und das selbst geschaffene Chaos zu bereinigen.

Sehr viel zu lachen gibt es erstaunlicherweise bei Übungen mit dem Dämon bzw. dem Ego. Wenn der erste Schock über die bittere Erkenntnis, dass man selbst Schattenseiten hat, verflogen ist, beginnt man, das Ganze mit einem gewissen Schmunzeln zu betrachten.

Eine Situation, die mir sehr stark in Erinnerung geblieben ist, ist die Geschichte einer Frau, die vor vielen Jahren zu einem Einzelgespräch zu mir kam. Sie war sehr zurückhaltend, unsicher und traute sich überhaupt nichts zu. Sie war einsam, unglücklich und unerfüllt. Außerdem unterdrückte sie ihr aggressives Potenzial zu diesem Zeitpunkt sehr stark.

Wir erarbeiteten ein paar Ideen, wo sie ansetzen könne, um etwas zu verändern. Der Prozess nahm seinen Lauf, und irgendwann machte sie die Jahresausbildung bei mir. Sie fand Menschen, die sie verstanden, zu denen sich schöne Freundschaften entwickelten. Sie begann zu tanzen, Gedichte zu schreiben und belegte Skulptur-Kurse. In einem dieser Kurse machte sie dann eine Figur, die sie uns beim nächsten Seminar präsentierte: Es war »Egon«, der innere Schweinehund. Tatsächlich war es eine Mischung aus Schwein und Hund und auch ihnen ähnlich in der Größe. Diese Skulptur sah so witzig und treffend aus, dass sie uns den ganzen Tag zum Lachen brachte. Egon war also ihr Dämon, den sie liebevoll »meinen inneren Schweinehund« nannte. Sie ist seitdem ein sehr ausdrucksstarker Mensch geworden, der viel lacht, andere zum Lachen bringt und sich selbst Träume erfüllt. Ich bin sehr froh, dass ich damals hartnäckig geblieben bin und ihr das Ausbildungsjahr ans Herz gelegt habe.

Andere Teilnehmer wiederum versicherten mir, dass sie kein Ego hätten, und als wir dann die Übung machten, erschraken sie über die Stärke und die Macht dieses Wesensanteils in sich und revidierten ihre vorherige Aussage.

Eine andere Teilnehmerin hatte sich in der offiziellen Vorstellungsrunde mit ihrem sogenannten »Seelennamen« vorgestellt. Sie bat darum, auch so angesprochen zu werden. Als wir dann einige Monate später mit dem Ego arbeiteten und diese Frau in der Übung nach dem Namen des Dämons fragte, schaute sie mich plötzlich ganz erschrocken an. Ich fragte sie, was los sei, denn sie machte einen sehr irritierten Eindruck. Sie erklärte mir, dass der Dämon auf die Frage nach dem Namen geantwortet hatte, er heiße so, wie ihr Seelenname lautete. Sie war sehr schockiert und fragte mich, ob das denn sein könne, was ich daraufhin bejahte. Es gibt in unserer Seele nichts, was es nicht gibt.

Die Arbeit an sich selbst ist nicht planbar, man kann immer nur einen Schritt nach dem anderen machen. Es hat wenig Sinn, sich schon im Vorfeld über den zehnten Schritt Gedanken zu machen, wenn man den ersten noch nicht einmal gegangen ist. Am Ende sieht der zehnte Schritt sowieso anders aus, weil sich in der Zwischenzeit ständig die Bedingungen verändern.

Diese Dämonen sehen so unterschiedlich aus wie die Menschen selbst. Schwer beeindruckt hat mich die Beschreibung eines Teilnehmers, dessen Dämon auf den ersten Blick sehr harmlos aussah. Doch als er nach den Waffen fragte, stellte sich heraus, dass die Haut des Dämons mit einer ätzenden Flüssigkeit benetzt war. Das heißt, jeder Angreifer, der zu nahe kam, fing sich Verätzungen ein. Als wir später darüber sprachen, teilte mir der Teilnehmer mit, dass es tatsächlich eine Seite von ihm selbst war. Wenn ihm Menschen zu nahe kommen, benimmt er sich derart ätzend und widerwärtig, dass sie gar nicht mehr auf die Idee kommen würden, näher zu wollen. Er habe Angst vor Nähe, und das war seine Strategie, die er entwickelt hatte, um sich die Menschen vom Hals zu halten. Inzwischen hat er zu einigen Menschen Vertrauen aufbauen können und beginnt, die Nähe zu ihnen zu genießen. Was hätte er alles verpasst, wenn er sich nicht überwunden und diese wichtige Erkenntnis ihn nicht erreicht hätte.

Der Zustand des inneren Kindes hat Auswirkungen auf das ganze Leben mit all seinen Bereichen und Facetten. Wenn die Gefühle nicht am richtigen Platz sind, wirken sie sich unkontrolliert auf alle Lebensbereiche aus. Jeder Bereich ist vom anderen abhängig und sie beeinflussen sich gegenseitig. Darum ist nicht so wichtig, wo mit der Arbeit begonnen wird, sondern dass man überhaupt damit anfängt.

Viele Aha-Erlebnisse finden während der praktischen Übungen statt. Bei Seminaren, wo *Grenzen* das Thema sind, ereignen sich immer wieder spannende Situationen, die für alle Beteiligten sehr aufschlussreich sein können.

In einem Seminar arbeiteten die Teilnehmer mit einem Seil, welches symbolisch ihre Grenze darstellte. Sie legten es kreisförmig auf dem Boden um sich und fühlten sich in die Situation ein. Ich konnte beobachten, wie ein Teilnehmer sein Seil wieder aufrollte und es neben sich legte. Ich wollte von ihm wissen, was los sei, und er antwortete mir, dass er keine Grenze bräuchte. Ich ließ die Situation vorerst, wie sie war. Dann begann ich mit der nächsten Übung, denn ich war neugierig, wie er das wohl ohne Seil meistern würde. Die nächste Aufgabe bestand darin, dass sich alle Teilnehmer mit ihrem Kreis im Raum bewegen und untereinander Kontakt aufnehmen, indem sie sich mit ihren Seilen berührten. Sie bekamen auf diese Art und Weise ein Gefühl für Nähe und ob bzw. wie sie Nähe am liebsten haben. Alle konnten untereinander Kontakt aufnehmen, bis auf den einen Teilnehmer, der einfach ohne Seil durch den Raum ging. Keiner wollte mit ihm Verbindung aufnehmen. Er spürte, warum eine

Grenze wichtig ist. Die anderen Teilnehmer erklärten es später so, dass dieser Mann für sie nicht greifbar war. Er war für sie wie eine undefinierte Masse, die sie nicht fassen und begreifen konnten. Den anderen Teilnehmern war es nicht möglich, eindeutigen Kontakt zu ihm aufzubauen.

Nach dieser Übung wurde ihm klar, warum viele Menschen bisher, sehr ähnlich wie die Teilnehmer, auf ihn reagierten.

Ihm wurden schlagartig Parallelen zu seinem Leben klar, und er wusste nun, woran seine Kontaktarmut lag.

> Das Wichtigste, bevor man etwas verändern kann, ist die Erkenntnis und das Verständnis, warum das eine oder andere im Leben so gelaufen ist. Wenn die Ursache nicht klar ist, kann sie auch nicht behoben werden.

Andere Teilnehmer wurden durch die Arbeit mit der Grenze überhaupt erst lebensfähig. Ich erlebe viele Menschen mit Hautproblemen. Da die Haut die körperliche Grenze zwischen Innen und Außen darstellt, kommt es vor, dass Menschen, die ihre emotionalen Grenzen missachten, Schwierigkeiten mit der Haut haben.

Sehr fasziniert hat mich eine Frau, die jedes Mal, wenn wir ein bestimmtes Thema anschnitten, an einer bestimmten Stelle Ausschlag bekam. Es war, als würde man auf einen Knopf drücken, und im nächsten Moment war diese Stelle an ihrem Körper rot. Genauso schnell beruhigte sich das aber auch wieder, wenn wir das Thema wechselten. Dieses körperliche Signal half ihr dabei herauszufinden, welche Situationen sie im Inneren plagten.

Wir erarbeiteten Möglichkeiten, wie sie in Zukunft besser auf die entsprechenden Situationen reagieren könnte. Es half ihr sehr, und sie kann seitdem viel souveräner reagieren und ist inzwischen dankbar, dass ihre Haut so schnell reagiert, wenn sie es mal wieder vergisst, an sich selbst zu denken.

Eine andere Situation habe ich mit meinem Haustier erlebt. Es ist ein hochsensibler Hund, der ab und zu ganz plötzlich offene und eitrige Stellen am Körper bekam. Ich hatte keine Ahnung, was los war, denn zu Allergien neigt er nicht. Dann fragte ich mich, was sich verändert hatte, seitdem er das erste Mal diesen Ausschlag bekam. Mir wurde klar, dass es einen sehr einfachen Grund dafür gab. Ich gab ihn seit einiger Zeit zu einer Hundesitterin, weil sich bei mir beruflich etwas verändert hatte und ich ihn nicht mehr so wie früher zur Arbeit mitnehmen konnte. Ich fand eine andere Lösung, und der Ausschlag ist seitdem nicht mehr aufgetaucht. Mein Hund hatte einfach keine andere Möglichkeit, als mir auf diesem Wege zu zeigen, dass er sich bei der Hundesitterin nicht wohl fühlte, obwohl sie wirklich lieb war. Er hat auf diese Art und Weise auf seine Grenze aufmerksam gemacht. Die Haut kann sehr schnell auf Umstände reagieren.

Was mich immer wieder stark beeindruckt, ist die Arbeit mit Kindern. Sie können Situationen und Gefühle der-

Leidet man unter zu viel Stress, macht sich das schnell auf der Haut bemerkbar. Die körperliche und die emotionale Grenze stehen sehr stark in Wechselwirkung miteinander. Sprichworte wie: »Das geht mir unter die Haut« oder »Ich möchte aus der Haut fahren« gibt es nicht zufällig.

art gut beschreiben, dass es mich jedes Mal wieder fasziniert. Wenn man Kindern das Gefühl gibt, sich wirklich für sie und ihre Probleme zu interessieren, öffnen sie sich in der Regel sehr schnell.

Der Sohn einer Teilnehmerin des Jahreskurses kam zu einem Einzelgespräch zu mir. Die Mutter meinte, er hätte Probleme, und es wäre doch gut, wenn man denen auf den Grund gehen würde. Die innere Verbindung zwischen ihnen war sehr stark und darum schickte ich die Mutter aus dem Raum, damit der Sohn unbefangener sprechen konnte. Er erzählte mir, dass es ihm schlecht ginge, weil der Lebensgefährte der Mutter sie so schlecht behandeln würde und sie sich das immer wieder gefallen ließe. Er wisse, dass es nicht sein Problem sei, aber er könne sie doch nicht alleine lassen und einfach zum Vater ziehen. Ich erklärte ihm, dass er nicht für den Schutz und das Glück der Mutter verantwortlich sei und dass die Mutter es nur dann lernen könne, wenn er sie sich selbst überließe. Er solle seinem Bedürfnis, zum Vater zu ziehen, nachgeben, und letztendlich müsse die Mutter eine eigene Lösung für ihr Problem finden. Sie ist schließlich erwachsen und für ihre Partnerwahl selbst verantwortlich. Dieser junge Mensch brauchte eigentlich nur die innere Erlaubnis, die Mutter ihrem Schicksal überlassen zu können. Denn dass es richtig war, wusste er bereits. Er zog einige Wochen später tatsächlich zum Vater, weil er die Streitereien zwischen seiner Mutter und dem Lebensgefährten satthatte. Er erklärte ihr das und grenzte sich ab. Das Ergebnis dieser Abgrenzung war, dass kein Jahr verging und die Mutter sich von diesem Partner trennte. Der Sohn brachte durch seine Entscheidung einen Stein ins Rollen. Dieser Frau geht es seitdem fantastisch, und sie ist dankbar, dass alles so gelaufen ist.

Kinder müssen oft für ihre Eltern stark sein, damit diese
sich entwickeln können. Aber so, wie unsere Kinder es für
uns tun, haben wir es schon für unsere Eltern getan.

Ein anderer Bereich, über den ich immer wieder
staune, ist das Einbeziehen des inneren Kindes in Entscheidungen. Was passiert, wenn man es macht, und was
geschieht, wenn man es unterlässt. Einige Menschen nennen es »die innere Stimme«, aber es kommt auf das Gleiche raus: Es ist total ärgerlich, wenn man nicht darauf
hört. Noch ärgerlicher ist, wenn man sie wirklich deutlich
wahrnahm, den richtigen Impuls vorher hatte und dann
doch anders handelt.

Jeder Mensch kennt etliche Beispiele dafür, und auch
ich bleibe davon natürlich nicht verschont.

Eine Freundin empfahl mir ein Seminar, an dem sie
unbedingt teilnehmen wollte. Mein erster Impuls war Irri-
tation, da sie mir nicht sagen konnte, was dort eigentlich
vermittelt werden sollte. Ich wollte an diesem Wochenende ein für mich wichtiges Formel-1-Rennen schauen, worauf ich mich schon tagelang gefreut hatte. Ich meldete
mich schließlich doch für dieses nicht ganz billige Seminar
an, weil ich mal wieder etwas zusammen mit meiner
Freundin unternehmen wollte. Die Situation entwickelte
sich natürlich ganz anders: Meine Freundin wurde krank
und hatte vierzig Grad Fieber, und ich marschierte zu diesem Seminar. Ich fühlte mich dort völlig fehl am Platz,
denn es wurde von außerirdischen Wesen gesprochen, die
unter uns leben, usw. Es mag ja sein, dass es so etwas gibt,
aber das ist nun wirklich nicht mein Interessengebiet. Das
Ende vom Lied war, dass ich am Sonntag nicht mehr zu
diesem Seminar ging und mich abmeldete. Das Geld war

ich natürlich los, aber um eine Erfahrung reicher. Ich hatte meiner Freundin mehr vertraut als meiner eigenen Intuition. Ich versuchte, den Schaden zu begrenzen, indem ich zumindest das Formel-1-Rennen schaute, aber auch das konnte mich nicht entschädigen, denn mein Favorit Schuhmacher schied frühzeitig aus dem Rennen aus.

Und die Moral von der Geschicht? Überhöre deine Gefühle nicht!

Der berühmte erste Gedanke bedarf vieler Übungsstunden und Lehrgelder, bis man sich endlich den Gefallen tut und auf ihn hört.

Ich selbst benötigte eine Menge Anläufe und Niederlagen, bis ich mich dem ersten Impuls endlich ergab. Sehr prägende Erlebnisse diesbezüglich hatte ich in zwischenmenschlichen Beziehungen. Ich ignorierte meine ersten Impulse derart konsequent, dass die Folgen natürlich mit der gleichen Härte auf mich zurückschlugen.

Bei einem Partner dachte ich, als ich ihn das erste Mal sah: ›Oje, von Beruf Sohn!‹ Diese Beziehung entwickelte sich natürlich so, dass seine Eltern die Hauptrolle spielten und sie ihm aus jeder Misslage heraushalfen. Ich hatte als Partnerin natürlich keine Chance, ihm etwas Ähnliches zu bieten, und so stand ich immer hintenan. Diese Art von Beziehung tat mir natürlich nicht gut, und so trennte ich mich, um mir einen »Indianer zu angeln, der keiner war«. Auch dieser Gedanke bewahrheitete sich natürlich. Der Neue sah zwar aus wie ein »Indianer«, verhielt sich aber alles andere als das.

Ich persönlich bin froh über mein Lehrgeld und möchte keinen Moment und keinen Menschen in meinem Leben missen, denn all das machte mich zu dem, was ich heute bin: nämlich glücklich.

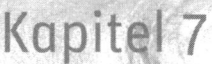

Kapitel 7

UNTERSTÜTZENDE ÜBUNGEN

Übung macht den Meister

Mit dem inneren Kind ist es wie im richtigen Leben: Übung macht den Meister. Und darum finden Sie in diesem Kapitel einige praktische Übungen, die Sie alleine und auch zu zweit durchführen können. Der Erkenntnisfaktor ist einfach größer, wenn Sie Dinge erleben, anstatt sie nur zu lesen. Menschen brauchen nun einmal die Erfahrung, um zu wachsen und zu reifen. Und damit dies gewährleistet ist, finden Sie hier ausreichend Übungen, um der Meister Ihres Lebens zu werden. Abgesehen davon, macht es einfach Spaß.

Alle Übungen und Meditationen lassen sich selbstverständlich auch mit Kindern durchführen. Sie werden erstaunt sein, wie schnell und präzise Kinder die Dinge wahrnehmen und formulieren können.

Für das innere Kind

ÜBUNG 1

Diese Übung eignet sich, wenn man sich seiner Gefühle nicht mehr sicher ist und, um zu einer Entscheidung zu gelangen, nur hin- und herüberlegt. Für die Ausführung benötigen Sie ein paar kleine Zettel und einen Stift.

Schreiben Sie auf den ersten Zettel ein Stichwort für die Angelegenheit, in der Sie sich schlecht entscheiden können. Wenn Sie beispielsweise nicht wissen, ob Sie bei der bisherigen Firma bleiben oder ob Sie das Angebot einer neuen Firma annehmen sollen, dann schreiben Sie den Namen beider Firmen auf jeweils einen Zettel. Diese Zettel mischen Sie und legen sie dann mit der Schrift nach unten auf den Boden. Stellen Sie sich nun auf den ersten Zettel, und beschreiben Sie den gefühlsmäßigen Zustand, der sich einstellt. Wiederholen Sie das mit dem zweiten Zettel ebenso, und beschreiben Sie, während Sie dort stehen, Ihre Gefühle. Wenn Sie sich nun für einen der beiden Zettel entscheiden müssten, welchen würden Sie vorziehen? Entscheiden Sie sich zuerst, und drehen Sie die Zettel dann um. Nun können Sie nachlesen, auf welchem Zettel welches Wort stand.

Sie werden erstaunt sein, dass es funktioniert, aber der Trick besteht in einem ganz einfachen Phänomen: Der Körper lügt nie!

Sie können Ihre Gedanken, andere Menschen oder Ihre Handlungen manipulieren, aber den Körper können Sie nicht beeinflussen, damit Ihnen das Ergebnis passt. Es sei denn, Sie manipulieren Ihren Körper mit Drogen,

Alkohol oder Ähnlichem. Dann ist Ihre Wahrnehmungsfähigkeit natürlich stark beeinträchtigt, und die Ergebnisse solcher Übungen sind für Sie leider nutzlos.

Persönliche Notizen

ÜBUNG 2

Diese Übung hilft Ihnen dabei, den tatsächlichen Zustand Ihres inneren Kindes zu fühlen. Sie funktioniert auf der Basis des morphogenen Feldes (siehe Kapitel 5), genau wie bei der Durchführung von Familienaufstellungen. Sie benötigen zwei kleine Zettel und einen Stift.

Schreiben Sie auf einen Zettel Ihren Namen und auf den anderen Zettel »Das innere Kind«. Sollten Sie den Namen des Kindes bereits wissen, so können Sie selbstverständlich auch diesen auf den zweiten Zettel schreiben. Sie wissen ja dann, wer gemeint ist. Legen Sie beide Zettel mit der Schrift nach oben auf den Boden. Legen Sie die Zettel so, als würden sie einander gegenüberstehen.

Stellen Sie sich jetzt auf den Zettel des inneren Kindes. Wie fühlt es sich zurzeit? Ist es zufrieden, schwach, traurig oder fröhlich? Sie müssen lediglich Ihren eigenen körperlichen und stimmungsmäßigen Zustand beschreiben, der sich einstellt, wenn Sie sich auf diesen Zettel stellen. Nicht analysieren oder darüber nachdenken, wie es ihm emotional gehen müsste. Sie brauchen nur in Ihren Körper hineinzufühlen, sonst nichts. Manchmal sind die Dinge viel einfacher, als man sie sich vorstellt.

Diese beiden Standpunkte können Sie jetzt für ein kleines Interview nutzen. Stellen Sie sich auf Ihren Zettel und fragen Sie das innere Kind etwas, das Sie interessiert und das es beantworten kann. Nachdem Sie die Frage formuliert haben, wechseln Sie die Position und nehmen Sie wahr, wie Sie sich an dem Platz des Kindes fühlen. Was würden Sie aus dieser Position mit solchen Gefühlen zu Ihrer eigenen Frage sagen? Sie können nun eine richtige Kommunikation entstehen lassen, indem Sie beide Positionen abwechselnd sprechen lassen. Machen Sie das so lange, bis Sie zu einem Ergebnis gekommen sind.

Bei denjenigen von Ihnen, die schon etwas mehr Übung haben, kann es passieren, dass, während Sie Ihre Frage noch formulieren, Ihnen bereits eine Antwort in den Kopf schießt.

Dann brauchen Sie natürlich den Platz nicht mehr zu wech-
seln, dann sind Sie bereits in einer guten Verbindung zu Ihrem
inneren Kind.

Diese Übung lässt sich übrigens wunderbar zu zweit als Part-
nerübung durchführen. Bitten Sie einfach einen Freund oder
eine Freundin, die Position Ihres inneren Kindes einzunehmen.
Er oder sie brauchen dann lediglich Ihre Gefühle beschreiben,
die sich in Bezug auf eine Frage von Ihnen einstellen. So kön-
nen Sie sich gegenseitig wunderbar helfen und dem Emotio-
nalkörper eine Stimme geben.

Persönliche Notizen

Rund ums Ego

ÜBUNG 1

Diese Partnerübung hilft Ihnen, das große Potenzial Ihres Egos zu erkennen und es nutzbringend in Ihren persönlichen Dienst zu stellen. Es baut auf den Beschreibungen aus Kapitel 4 auf.

Stellen Sie sich einem Partner gegenüber im Raum auf. Bitten Sie den anderen, in die Rolle Ihres Egos zu schlüpfen. Er soll Ihnen zuerst einmal etwas über seine Eigenschaften und über seine Verbindung zu Ihnen erzählen. Nachdem Sie ihn gebeten haben, in diese Rolle zu schlüpfen, braucht Ihr Übungspartner nur zu beschreiben, wie er sich fühlt. Es geht hierbei nicht ums Denken, sondern nur ums Fühlen.

Sie können Ihr Ego nun auch beispielsweise fragen: »Was machst du, wenn du mich an etwas hindern willst?« Nutzen Sie diese Gelegenheit, um Fragen zu stellen, die Ihnen schon lange durch den Kopf gehen.

Anschließend fragen Sie den Stellvertreter für Ihren Dämon/ Ihr Ego, ob er an einem Job als Ihr persönlicher Leibwächter interessiert wäre. (Wie gesagt, es geht hierbei nicht ums Denken, sondern ums Fühlen!) Erklären Sie ihm die Bedingungen, nämlich dass Sie bestimmen, wo es langgeht, usw. Er/es darf nur dann eingreifen, wenn die Situation für Sie existenziell wird. Wenn Sie sich einigen können, dann geben Sie sich symbolisch die Hand, und besiegeln Sie damit Ihre Abmachung. Stellen Sie den Dämon/das Ego hiermit offiziell in Ihren Dienst.

Persönliche Notizen

Sie können anschließend wechseln, d.h., dass nun Sie das Ego des anderen *spielen*.

Auch wenn es dabei um tiefe, unbewusste Prozesse geht, kann es passieren, dass Sie zwischendurch herzhaft lachen müssen. Aber Lachen ist schließlich sehr heilsam und sollte überall und jederzeit erlaubt sein!

ÜBUNG 2

Diese Übung unterstützt Sie dabei, einen Eindruck von der Qualität Ihres Egos zu bekommen. Welche Kraft steckt dahinter? Sie eignet sich für jeden, der sich gerne über Farben zum Ausdruck bringt. Das heißt nicht, dass Sie malen können müssen – nur Mut!

Richten Sie sich einen Malplatz ein. Je nach Ausrüstung können Sie mit Wasserfarbe, Acryl, Kreide, Buntstiften oder Kohle malen. Nehmen Sie die Farben oder Stifte, welche Sie jetzt gerade gefühlsmäßig ansprechen.

Nachdem Sie Ihren »Arbeitsplatz« vorbereitet und sich in Position gesetzt oder gestellt haben, schließen Sie zuerst einmal kurz die Augen. Lösen Sie sich nun von jeder Vorstellung, wie das Bild aussehen müsste. Lassen Sie sich einfach auf Ihr aggressives, antreibendes Potenzial ein, und versuchen Sie, es zu fühlen. Wenn Sie diese Qualität in sich spüren, dann suchen Sie sich spontan eine Farbe aus, mit der Sie beginnen wollen.

Nehmen Sie diese Farbe, Pinsel, Schwamm, Stift oder auch die Finger, und beginnen Sie damit, die Malunterlage mit Farbe zu füllen. Wenn der Impuls in Ihnen aufsteigt, eine andere Farbe zu verwenden, geben Sie ihm nach. Wenn Sie mit Bleistift oder Kohle zeichnen, dann beginnen Sie mit einem Strich oder irgendwelchen Linien, und lassen Sie die Linien sich entwickeln. Sie können gerne experimentieren und die Augen dabei auch schließen. Was haben Sie zu verlieren?

Lassen Sie sich so lange treiben, bis Sie das Gefühl haben, fertig zu sein.

Betrachten Sie nun Ihr Kunstwerk und zeigen es vielleicht auch jemand anderem. Diese Person sollte ihren ersten, spontanen Eindruck formulieren, ohne zu wissen, dass Sie gedanklich mit Ihrem Ego bzw. Dämon in Verbindung waren, als Sie das malten. Interessant ist übrigens auch, die Meinung von Kindern zu dem entstandenen Bild einzuholen.

Persönliche Notizen

ÜBUNG 3

Diese Übung macht sichtbar, ob es Ihnen schwer- oder leichtfällt, andere wertzuschätzen und anzuerkennen, egal welche Vorgeschichte zwischen Ihnen vorhanden ist. Denn das ist wahrhaftige Demut. Sie hat sehr viel mit Dankbarkeit zu tun, ansonsten ist Demut etwas, was nur Sie selbst erfahren können. Sie lässt sich wie die Liebe kaum in Worte fassen.

Jeder Mensch in Ihrem Leben hat eine wichtige Funktion und bietet Ihnen eine Chance, sich zu entwickeln. Die größtmögliche Entwicklung finden Sie in Beziehungen, die sich schwierig gestalten. Dort können Sie am meisten lernen. Das ist allerdings ein unbequemer Weg.

Sie können diese Übung mit oder ohne einen Partner durchführen. Allerdings ist es mit Partner intensiver und nachhaltiger. Wenn Sie die Übung allein machen, stellen Sie sich vor, die gewählte Person stünde Ihnen gegenüber.

Bitten Sie den Partner, in verschiedene Rollen zu schlüpfen. Er steht nur da und repräsentiert dann die Rolle, die Sie ihm vorher zugewiesen haben.

Anregungen für Rollen wären:

- ◆ Ihr Partner
- ◆ Ihr Chef
- ◆ Ihre Mutter
- ◆ Ihr Vater
- ◆ Ihr Kind
- ◆ Ihr Haustier
- ◆ Ihre Freundin
- ◆ Ihr Feind
- ◆ Ihr geistiger Helfer
- ◆ usw.

Nachdem Ihr Gegenüber in die entsprechende Rolle geschlüpft ist, gehen Sie vor Ihrem Übungspartner in die Knie, und sagen Sie: »Ich verneige mich vor deinen Fähigkeiten und Talenten und bin dankbar, dass du in mein Leben getreten bist, um mir

. . . .

. . . .

. . . .

bewusst zu machen. Ich respektiere und achte dich und wünsche dir alles Gute.«

Gehen Ihnen diese Worte leicht über die Lippen, oder müssen Sie dabei die Zähne zusammenbeißen? Sie können mit dieser Übung erkennen, an welcher Beziehung Sie noch arbeiten müssen und wo Sie bereits versöhnt sind. Die Übung bringt die Wirklichkeit ans Licht, nicht das, was Sie gerne hätten. Wenn Sie die Übung hinter sich gebracht haben, können Sie umgekehrt für den Partner in Rollen schlüpfen und ihm somit ebenfalls eine große Hilfe sein!

Persönliche Notizen

Für gesunde Grenzen

An dieser Stelle finden Sie einige Übungen, die bei der Arbeit mit dem inneren Kind sehr dienlich sein können. Die Themen haben zwar nur indirekt mit dem Emotionalkörper zu tun, unterstützen diesen Prozess aber trotzdem ungemein.

ÜBUNG 1

Diese Übung ist wichtig, um zu erfahren, was ein gefühltes *Ja* und was ein gefühltes *Nein* ist. Denn nur ein gefühltes *Ja* bzw. *Nein* ist authentisch und wird von anderen ernst genommen und registriert. Diese Übung sollten Sie mit einem Partner durchführen.

Stellen Sie sich voreinander, und einigen Sie sich, wer jetzt aktiv mit der Übung beginnt und wer von Ihnen zuhört. Nachdem Sie sich geeinigt haben, beginnt der erste von Ihnen, verschiedene Varianten von JA zu sagen. Probieren Sie aus, auf welche verschiedenen Arten Sie JA sagen können. Welches ist das von Ihnen meistbenutzte JA, welches das ungeliebteste usw. Der Partner hört nur zu und gibt Ihnen zu den verschiedenen Aussagen kurze Rückmeldungen. Wie wirkte dieses oder jenes JA auf ihn: genervt, ungläubig, authentisch, fragend usw. Sie bekommen auf diese Art und Weise eine Reflexion, wie Sie sie im Alltag nicht finden werden.

Anschließend versuchen Sie, ein JA auszudrücken, welches Sie mit Ihrem ganzen Körper spüren können. Dabei ist es hilfreich, wenn Sie sich eine Situation aus Ihrem Leben vorstellen, die Sie mit einem uneingeschränkten JA beantworten können.

*Schließen Sie kurz die Augen, und erinnern Sie sich an eine
entsprechende Situation und die dazugehörigen Gefühle.
Wenn Sie es richtig spüren, öffnen Sie die Augen, und sagen
Sie mit der gefühlten Energie: »Ja.« Ihr Partner gibt Ihnen
anschließend eine Rückmeldung, ob das letzte JA eine andere
Wirkung auf ihn hatte als die vorherigen.*

*Nun durchlaufen Sie den gleichen Prozess nochmals mit dem
Wort NEIN. Zuerst alle möglichen Varianten der Betonung dieses Wortes und zum Schluss ein gefühltes NEIN. Auch hier ist
es ratsam, sich eine Situation vorzustellen, die Sie in diesem
Falle eindeutig mit NEIN beantworten können. Wenn jeder von
Ihnen beide Durchläufe hinter sich gebracht hat, tauschen Sie
sich darüber aus, was Ihnen leichter fiel: das JA, das NEIN,
beides oder vielleicht auch keines von beiden.*

> Es ist wichtig, dass Sie wirklich fühlen, was Sie sagen.
> Denn nur so werden Sie ernst genommen. Und wenn Ihr
> NEIN als Kind nicht akzeptiert wurde, dann ist es umso
> wichtiger, es jetzt zu stärken und zu trainieren.

Wenn Sie keinen Partner zum Üben haben, dann
können Sie diesen Ablauf natürlich auch vor dem Spiegel
alleine durchführen. Die Erfahrung, wie sich ein tiefes JA
und ein authentisches NEIN anfühlen, können Sie auch
alleine machen. Allerdings macht es mit einem Freund
oder einer Freundin mehr Spaß und ist nachhaltiger.

Sie können genauso gut durch Ihren Hund oder Ihr
Kind erfahren, ob Ihr NEIN nach der Übung eine andere
Wirkung auf ihn oder es hat. Wenn Ihr Hund oder das
Kind vorher Ihr NEIN nicht wirklich wahrgenommen hat,

so ist es gut möglich, dass sich das nach wiederholtem Üben ändert. An diesem Beispiel wird Ihnen vielleicht verstärkt klar, wozu diese Übung dient. Das bedeutet aber auch, dass Sie sich in Zukunft fragen sollten, ob Sie etwas wollen oder nicht, bevor Sie antworten oder Befehle geben. Achten Sie darauf, ob Sie hinter Ihrer Antwort stehen oder nicht. Denn wenn Sie JA oder NEIN sagen, nur weil Sie glauben, Sie müssten das jetzt tun, dann lassen Sie es lieber. Es merkt ja doch jeder, dass es halbherzig ist. Und glaubwürdiger macht Sie das im Endeffekt auch nicht!

Persönliche Notizen

ÜBUNG 2

Diese Übung hilft Ihnen, ein Gefühl für Ihre emotionale Grenze zu bekommen. Nur wenn Sie Ihre Grenzen spüren, können Sie auf sie aufmerksam machen oder auch wahrnehmen, wenn Sie die Grenzen anderer überschreiten. Um Klarheit darüber zu haben, wann Ihnen etwas zu weit geht, müssen Sie wissen, wo Ihre Grenze ist und mit welchem Gefühl das verbunden ist (siehe Kap. 5). Um diese Übung durchzuführen, benötigen Sie ein Seil, das maximal fünf Meter lang ist.

Legen Sie das Seil auf dem Boden als Kreis aus, und stellen Sie sich hinein (Variante 1). Schließen Sie die Augen und beschreiben Sie in Gedanken, wie es Ihnen dort geht. Sind Sie ruhig und bei sich, oder fühlen Sie sich ausgeschlossen und isoliert? Ist Ihnen der ganze Kreis zu groß oder sogar zu klein? Ist es ein vertrautes Gefühl für Sie, eine stabile, gesunde Grenze um sich zu haben, oder ist es ein ganz neues Gefühl? Nun öffnen Sie die beiden Seilenden (Variante 2), und legen Sie sie weit auseinander, so dass der Kreis sichtbar geöffnet ist. Stellen Sie sich wieder hinein und nehmen Sie den Unterschied zu Variante 1 wahr. Fühlen Sie sich wohl oder eher ungeschützt und ausgeliefert? Versuchen Sie diesen Zustand zu beschreiben. Durch was unterscheiden sich beide Varianten?

Nun stellen Sie sich neben Ihren Kreis (Variante 3). Wie fühlt sich das an und gibt es auch da einen Unterschied im Gefühl zu den vorangegangenen Kreisformen?
Welche Variante ist Ihnen die Vertrauteste und mit welcher fühlen Sie sich am wohlsten? Es ist sinnvoll, sich diese Ergebnisse kurz zu notieren, denn dann können Sie sich voll und ganz auf die Auflösung konzentrieren.

Persönliche Notizen

Das Seil ist in dieser Übung das Symbol für Ihre nicht sichtbare, aber fühlbare Grenze. Diese Grenze schlägt Alarm, wenn ein Mensch oder ein Tier in Ihrem seelischen Vorgarten herumtrampelt. Sie schlägt auch in Form von Körpersignalen Alarm wie z. B. mit Herzklopfen, Kribbeln im Bauch, Druck im Kopf usw. Voraussetzung für diese Signale ist allerdings, dass überhaupt eine Grenze vorhanden ist, und der Kreis sollte geschlossen sein. Das heißt nicht, dass Sie ein verschlossener Mensch sind, sondern Sie nehmen wahr, was diese durchlässige Grenze passiert und entscheiden, ob Sie es herein- oder lieber draußen lassen wollen.

Fühlen Sie sich mit Variante 1 wohl, dann können Sie in der Regel gut NEIN sagen und nehmen Ihre eigenen Bedürfnisse wahr. Sie spüren andere Menschen/Tiere trotzdem gut, übernehmen aber keine falsche Verantwortung für sie.

Fühlen Sie sich mit Variante 2 wohl, so geht es Ihnen, solange Sie alleine sind, höchstwahrscheinlich recht gut. Aber im Kontakt mit Menschen und Tieren vergessen Sie Ihre eigenen Bedürfnisse sehr schnell wieder und machen die Bedürfnisse anderer zu Ihren eigenen. Das ist auf die Dauer sehr anstrengend und führt zu Schwierigkeiten, da es sehr vereinnahmend sein kann oder Sie lassen sich selbst schnell vereinnahmen. Wichtig wäre, die Grenze zu schließen und sich von dieser sogenannten »Konfluenz« (siehe Kap. 5) zu verabschieden. Sie sollten bewusster JA oder NEIN sagen, auch wenn Sie anschließend das schlechte Gewissen packt. Einfach mal weniger wahrnehmen, was die anderen fühlen. Fragen Sie sich lieber, was SIE selbst eigentlich wollen, ohne schon wieder falsche Rücksicht auf Ihr Umfeld zu nehmen.

Wenn Sie Variante 3 favorisieren, dann haben Sie höchstwahrscheinlich Angst vor Auseinandersetzungen und Fluchttendenzen. Wird eine Angelegenheit schwierig, entfernen Sie sich emotional von sich und Ihren Standpunkten. Vertreten Sie in solchen Situationen zukünftig bewusster oder entschiedener Ihre Standpunkte, und halten Sie Konflikte oder Anspannungen einfach mal aus.

Grenzen sind wichtig, um sich zu spüren. Sie können mit einer gesunden Grenze Ihre Bedürfnisse wahrnehmen und Ihre Standpunkte vertreten, auch wenn andere nicht der gleichen Meinung sind wie Sie.

Diese Übung knüpft an Übung 1 an, und sie wird mit einem Partner durchgeführt. Sie stärkt Ihre Fähigkeiten, NEIN zu sagen und hilft, dies im Körper nochmals zu verankern und zu festigen.

Einer von Ihnen legt sein Seil im Kreis auf den Boden. Öffnen Sie es vorne, und Ihr Partner marschiert nun durch die Öffnung des Kreises in Ihren seelischen Vorgarten. Versuchen Sie, ihn davon abzuhalten. Ist das möglich, oder sind Sie total perplex und handlungsunfähig?

Beim zweiten Durchgang schließen Sie den Kreis wieder, und dann bitten Sie Ihren Partner, noch einmal über Ihre Grenze zu marschieren. Ist es für den, der über die Grenze läuft, jetzt leichter oder schwerer, das zu tun? Sagen Sie wieder NEIN und schieben Sie die Person erneut vor Ihre Grenze. Was löst das in Ihnen aus? Schuldgefühle, Freiheit, Stärke? Fällt es Ihnen leicht oder schwer, die Person vor Ihren Kreis zu schieben?

Geben Sie alles, denn das ist wirklich eine gute Gelegenheit, NEIN-Sagen zu üben, ohne dass im Anschluss jemand beleidigt ist. Tauschen Sie anschließend die Rollen, so dass jeder einmal an der Reihe war, damit auch der Partner sein Aha-Erlebnis bekommt.

Persönliche Notizen

Von allem etwas

ÜBUNG 1

Diese Übung macht deutlich, wie wichtig Ihre Einstellung dem Leben gegenüber ist. Der Ausgang von Situationen wird von dem Bewusstsein bestimmt, mit dem Sie der entsprechenden Situation begegnen.

Denken Sie an eine Situation in Ihrem Leben, mit der Sie der-
zeit unzufrieden sind. Rufen Sie sich die Umstände gedanklich
auf, und spielen Sie durch, wie sich das Ganze wohl weiterent-
wickeln wird. Anschließend versuchen Sie, Ihre derzeitige und
wirkliche (!) Einstellung zu dieser Situation zu formulieren.
Beenden Sie den Satz: Ich glaube, die Situation wird sich so
entwickeln, dass

. . . .
. . . .
. . . .

Wenn Ihnen Ihre Einstellung nun bewusst geworden ist, über-
legen Sie sich jetzt noch, mit welcher inneren Haltung Sie an
die Sache herangehen könnten. Überwinden Sie sich und
schauen Sie sich die andere Seite der Medaille an. Erwarten
Sie bisher eine schlechte Entwicklung in einer Situation, so
könnten Sie nun anders herangehen: Wünschen Sie sich einen
positiven Ausgang der Lage, und speisen Sie das Ganze durch
positive Gedanken und Handlungen. Verschwenden Sie keinen

Ihre Gedanken erschaffen Ihre Realität!

Gedanken mehr daran, dass es sich schlecht entwickeln
könnte.
Suchen Sie nun bewusst nach einer besseren Einstellung der
Situation gegenüber, an die Sie zu Beginn der Übung gedacht
haben. Formulieren und beenden Sie folgenden Satz: Ich wün-
sche mir von Herzen, dass sich die Situation so entwickelt,
dass

. . . .
. . . .
. . . .

Versuchen Sie sich jetzt einmal vorzustellen, wie sich das Ganze entwickeln würde, wenn Sie anders darüber denken würden, wenn Sie nicht mehr das Opfer dieser Situation wären, sondern der Schöpfer? Wie würden Sie die Umstände gestalten, und was müssten Sie tun, damit es sich Ihrem Wunsch gemäß entwickeln würde?

Das zu tun bedeutet, neues Bewusstsein zu entwickeln. Nämlich bewusster handeln und bewusst zu entscheiden. Sie haben die Wahl, für welche Qualität Sie sich entscheiden. Denn es gibt meistens eine elegante Lösung für die Probleme, egal wie verzwickt Ihre Situation auch sein mag. Wollen Sie Opfer oder Schöpfer sein?

Persönliche Notizen

ÜBUNG 2

Versuchen Sie doch mal, einen Tag lang nicht zu lügen. Jetzt sagen Sie sicher entrüstet: »Ich lüge nie!« Aber wenn Sie ehrlich zu sich sind, haben Sie mindestens schon dreimal gelogen, bevor Sie morgens an Ihrer Arbeitsstelle angelangt sind. Es geht schon los, wenn Sie gefragt werden: »Wie hast du geschlafen, Schatz?« Sind Sie so ehrlich und sagen, dass Sie eine hundsmiserable Nacht hinter sich haben, weil Ihr Partner vielleicht geschnarcht hat?

Ein anderes Beispiel: Ihr Partner fragt, was Sie heute noch vorhaben. Sie sagen, dass Sie es noch nicht wissen, um lästigen Diskussionen oder Kommentaren aus dem Weg zu gehen. Denn eigentlich haben Sie sich vorgenommen, heute shoppen zu gehen.

Später treffen Sie einen Nachbarn, der Sie fragt, wie es Ihnen geht. Antworten Sie ganz ehrlich? Und so läuft es den ganzen Tag munter weiter.

Es geht nicht darum, Sie als Lügner zu entlarven, sondern sich selbst bewusst zu werden, wie oft Sie verschweigen, was Ihnen wirklich durch den Kopf geht. Jeder Mensch benutzt solche Notlügen, aber warum eigentlich? Welche Vorteile bringt Ihnen das wirklich? Schreiben Sie doch einmal auf, warum Sie nicht immer die Wahrheit sagen. Vielleicht um Konflikte zu vermeiden, um geliebt zu werden? Machen Sie einmal diese Liste und überlegen Sie sich anschließend, ob Sie nicht auf andere Art und Weise authentischer zum gleichen Ziel kommen könnten. Vor allem ist es weniger anstrengend, da Sie nicht ständig überlegen müssen, was Sie wo gesagt haben und was nicht.

Es ist eine Übung nur für Sie selbst. Sie müssen Ihre Erkennt-
nisse niemandem mitteilen! Falls Ihnen doch danach sein
sollte, steht dem natürlich nichts im Wege. Vielleicht sind
Sie ja auch so angetan von dieser Anregung, dass Sie von
nun an jeden Tag versuchen, weniger dieser Notlügen *zu*
verwenden!

Persönliche Notizen

ÜBUNG 3

Versuchen Sie sich einen Tag lang positiv auszudrücken. Das klingt sehr leicht und vielleicht sind Sie der Meinung, das sowieso schon zu tun. Aber lassen Sie sich aus eigener Erfahrung gesagt sein: Es gibt immer etwas zu verbessern! Beobachten Sie sich einen Tag lang, und hören Sie sich selbst zu. Sobald Ihnen eine negative Formulierung Ihrerseits auffällt, formulieren Sie sie nochmals und sprechen Sie diese neue Formulierung beispielsweise folgendermaßen aus: Sagten Sie etwa: »Mein Gott, wie sieht denn dein Zimmer schon wieder aus!«, dann könnten Sie stattdessen aussprechen: »Es wäre schön, wenn du dein Zimmer aufräumen würdest« oder »Dein Zimmer sieht aus, als könnte es eine Grundreinigung gebrauchen« usw. Seien Sie kreativ und schieben Sie den Frust über die scheinbare Unordnung ausnahmsweise beiseite.

Steigen Sie aus den alltäglichen Nervigkeiten aus, und versuchen Sie es konstant auf einem positiven Weg. Sie werden sehen, wie schwer Ihnen das bereits fällt. Das zeigt, wie fest Sie in dieser Fruststruktur stecken und wie stark es Ihren Alltag bestimmt.

Am Anfang braucht man etwas Selbstbeherrschung, um diese positiven Gedanken durchzuziehen, aber mit der Zeit geht das immer besser. Noch eine wichtige Anmerkung zu dem Beispiel des Zimmeraufräumens: Wahrscheinlich ist das ein leidiges Thema, weswegen Sie täglich Kämpfe führen. Ziehen Sie sich mal ganz und gar aus diesem Kampf zurück, und damit ist auch der gedankliche Rückzug gemeint. Hören Sie für einen gewissen Zeitraum auf, über diese Unordnung nachzudenken, denken Sie an etwas Schönes. Es entlastet sehr, und manch-

mal tut sich schon alleine durch diesen authentischen Rückzug etwas beim Gegenüber. Denn Druck erzeugt bekanntlich
Gegendruck! Vielleicht kommen Sie auch hierbei auf den
Geschmack und lassen diese Anregung konstant in Ihren Alltag einfließen.

Kapitel 8

MEDITATIONEN

Lösungen in sich selbst finden

Zwei Ufer

MEDITATION

Diese Meditation stärkt die Verbindung zwischen Ihnen und dem inneren Kind bzw. dem Emotionalkörper.

Schließen Sie die Augen, und stellen Sie sich vor, Sie wären an einem wunderschönen Platz in der Natur. Setzen Sie sich in Gedanken irgendwo hin, und lauschen Sie den Geräuschen. Vielleicht hören Sie das Rauschen von Wasser in der Ferne. Sobald Ihnen danach ist, bewegen Sie sich in die Richtung, aus der das Geräusch des fließenden Wassers kommt. Sie gelangen nach einiger Zeit an einen Fluss. Schauen Sie sich in Ruhe um, und suchen Sie nach einer Möglichkeit, den Fluss zu überqueren, denn auf der anderen Seite wartet Ihr inneres Kind auf Sie. Es kann sein, dass Sie keine Brücke finden oder die Brücke sehr stark beschädigt ist. Vielleicht haben Sie aber auch Glück, und die Verbindung zwischen Ihnen beiden ist nicht wirklich beschädigt.

Wenn Sie nun nicht den Mut haben, Ihr eigenes Ufer zu verlassen und das Kind auch keine Anstalten macht, sich zu bewegen, dann machen Sie ihm den Vorschlag, sich in der Mitte zu treffen. Es ist wichtig, dass Sie Ihren jetzigen Standpunkt ein Stück weit verlassen.

Sie könnten ja beispielsweise auch gemeinsam eine neue Brücke bauen oder ein Boot benutzen. Schauen Sie selbst, womit Sie sich am wohlsten fühlen. Es ist sehr wichtig, dass Sie und Ihr inneres Kind aufeinander zugehen. Behutsam und nichts überstürzend, aber bewegen Sie sich immer weiter auf einander zu, bis Sie sich die Hände reichen können. Genießen Sie diesen reinen Moment des Zusammenseins, und saugen Sie ihn in sich auf.
Vielleicht möchte das innere Kind etwas loswerden, vielleicht möchten Sie ihm jetzt etwas sagen. Vielleicht fühlen Sie sich auch auf der Flussseite, wo Ihr Kind zu Beginn ganz alleine stand, wohler, aber Sie müssen sich nicht für eine der beiden Seiten entscheiden. Wichtig ist, dass Sie eine Verbindung herstellen. Es kann sein, dass Sie sich an diesem Ort in Ihrer Vorstellung noch öfter treffen werden, um gemeinsam an der Brücke weiterzubauen.

Es spielt keine Rolle, wie lange es dauert, es ist nur wichtig, dass Sie überhaupt damit begonnen haben. Genießen Sie den Kontakt noch ein wenig, und kehren Sie dann langsam wieder ins Hier und Jetzt zurück. Nehmen Sie den Raum wahr, in dem Sie sich befinden, und öffnen Sie dann langsam die Augen.

Persönliche Notizen

Inneres Land

MEDITATION

Diese Meditation gibt Ihnen Einblicke in die bunte Welt Ihrer Seele.

Schließen Sie die Augen, und stellen Sie sich vor, Sie stünden vor einem riesigen, verschlossenen Tor. Schauen Sie sich dieses Tor einmal genau an. Wie sieht es aus? Ist es leicht zu öffnen oder fest verriegelt? Stehen Buchstaben oder Symbole darauf geschrieben? Während Sie es neugierig betrachten, steht plötzlich Ihr inneres Kind neben Ihnen. Es fragt Sie, ob es Ihnen seine Welt zeigen darf. Gehen Sie mit? Wenn nicht, wovor fürchten Sie sich? Das Kind hat auch keine Angst, schließlich ist es seine Welt.

Das Kind macht eine Handbewegung oder holt einen Schlüssel hervor und öffnet das Tor zu seinem Reich. Die große Tür öffnet sich langsam, und Sie kommen aus dem Staunen nicht mehr heraus. Lassen Sie sich vertrauensvoll führen, und werden Sie selbst wieder zu einem neugierigen, staunenden Kind ohne Angst. Betreten Sie diese Welt, und wenn Sie etwas, was Sie sehen, nicht verstehen, dann befragen Sie Ihr inneres Kind dazu. Es wird Ihnen alles genau erklären. Machen Sie diese gemeinsame Reise, und lassen Sie los …

Irgendwann wird das Kind Sie zurück zum Tor begleiten. Bedanken Sie sich noch einmal für diese wunderschöne Erfahrung und kommen Sie mit Ihrem Bewusstsein langsam wieder in den Raum, in dem Sie sich befinden, zurück. Atmen Sie gleichmäßig ein und aus, und strecken Sie sich gründlich, bevor Sie die Augen wieder behutsam öffnen.

Persönliche Notizen

Neue Impulse

MEDITATION

Diese Meditation hilft Ihnen, wichtige Mängel zu erkennen, Ihren Alltag zu optimieren und den Spaßfaktor zu
erhöhen.

*Machen Sie es sich bequem, und schließen Sie die Augen. Sie
liegen in Ihrem Bett, und es ist, als wären Sie gerade wach
geworden. Ihr inneres Kind liegt neben Ihnen, und Sie laden
es nun ein, Sie an diesem ganz normalen Tag zu begleiten.
Beginnen Sie den Tag so, wie Sie es immer tun. Duschen, Kaf-
fee trinken, frühstücken ... Zeigen Sie dem Kind, wie Sie nor-
malerweise den Tag beginnen, und bitten Sie es um einen
Kommentar dazu und darum, Ihnen Anregungen zur Verbesserung in Kindersprache zu geben. Nehmen Sie es in Ihrer Vorstellung mit zu Ihrem Arbeitsplatz. Was wäre da verbesse-
rungswürdig, wenn Sie das Kind um Rat fragen würden? Fehlt
etwas oder ist es begeistert?*

*Nehmen Sie die Anregungen dankbar entgegen, und
schauen Sie, ob Sie sie später tatsächlich umsetzen können.
Nehmen Sie das Kind möglichst in die Lebensbereiche mit,
die für Sie eine wichtige Rolle spielen, und schauen Sie, was
es Ihnen für neue Impulse gibt. Durchlaufen Sie die Statio-
nen Ihres Alltags bis in den Abend hinein – bis Sie und das
Kind wieder im Bett liegen. Was für ein Fazit ziehen Sie
daraus und welches Ihr inneres Kind? Sagen Sie dem Kind,
dass Sie für seine Anregungen dankbar sind und dass Sie*

versuchen werden, sie umzusetzen. Denn dann macht Ihr All-
tag in Zukunft sicherlich noch mehr Spaß! Kommen Sie lang-
sam in die Gegenwart zurück, und spüren Sie Ihren ganzen
Körper. Öffnen Sie behutsam die Augen, und notieren Sie
eventuell die gewonnenen Anregungen.

Persönliche Notizen

Kuschel-Zeit

MEDITATION

Diese Meditation hilft Ihnen, die gemeinsame Körperhaltung zu stabilisieren und emotional aufzutanken. Es wäre sinnvoll, währenddessen zu sitzen, anstatt zu liegen. Probieren Sie aus, was für Sie am besten ist.

Schließen Sie die Augen, und entspannen Sie sich zuerst einmal. Wenn Ihnen noch Gedanken vom Tag durch den Kopf gehen, dann lassen Sie sie zu. Stellen Sie sich vor, es wären Wolken, die an Ihnen vorbeiziehen. Ihr Atem ist wie der Wind, der so lange bläst, bis der Himmel wolkenfrei ist.

Stellen Sie sich vor, Ihr inneres Kind wäre bei Ihnen, und Sie suchen sich nun gemeinsam ein gemütliches Plätzchen, egal ob in der Natur oder woanders. Wenn Sie diesen Platz auserkoren haben, dann machen Sie es sich gemütlich. Fragen Sie das Kind, ob es Lust zum Kuscheln hat. Wenn nicht, verbringen Sie einfach gemeinsam Zeit an diesem Ort, denn das kann auch sehr erholsam sein. Wenn das Kind einverstanden ist, dann kann es sich zu Ihnen auf den Schoß setzen oder an Sie anschmiegen, wie es möchte. Legen Sie nun Ihre Hände dort an den Körper, wo Kopf und Po des Kindes Ihren Körper berühren würden. Legen Sie die Hände an dieser Stelle entspannt ab, und beginnen Sie, das Kind zu fühlen. Verbringen Sie einfach Zeit in dieser Haltung, so lange, wie Sie können und wollen. Saugen Sie die Nähe auf, und genießen Sie dieses friedliche Zusammensein mit Ihrem inneren Kind.
Wenn Sie vollgesaugt sind wie ein Schwamm, dann lösen Sie sich wieder voneinander, und sagen Sie vielleicht noch etwas

Nettes. Es ist gut möglich, dass das Kind auch noch etwas auf dem Herzen hat oder einfach etwas sagen möchte. Kommen Sie anschließend wieder zurück in die gegenwärtige Situation, und vergessen Sie nicht, dass Sie jederzeit diese Körperhaltung einnehmen können, um sich etwas Gutes zu tun. Kein anderer außer Ihnen wird bemerken, was Sie gerade tun. Öffnen Sie langsam wieder die Augen, und kommen Sie voll und ganz im Hier und Jetzt an.

Persönliche Notizen

Karawane

MEDITATION

Diese Meditation macht Ihnen bewusst, welche Dinge und Menschen in Ihrem momentanen Lebensabschnitt wirklich wichtig sind.

Machen Sie es sich bequem, und entspannen Sie sich. Schließen Sie die Augen, und stellen Sie sich nun vor, Sie wären in einer Wüstenstadt. Das bunte Leben in ihr ist mit all seinen Facetten spürbar und sichtbar. Allerdings haben Sie schon eine Weile dort verbracht, und es ist die Zeit gekommen, um weiterzuziehen. Aber um Ihre Reise durch die Wüste fortzusetzen, müssen Sie sich zuerst eine Karawane zusammenstellen.

Was benötigen Sie, um Ihre Zelte dort abzubrechen und sie andernorts wieder aufzubauen? Stellen Sie sich in aller Ruhe Ihre persönliche Karawane zusammen. Brauchen Sie viele Kamele? Welche Menschen würden Sie mitnehmen? Welche Sachen müssten unbedingt dabei sein? Formieren Sie den Treck in aller Ruhe, so lange, bis Sie das Gefühl haben, dass alles und jeder im Gepäck verstaut ist. Wenn Sie den Eindruck haben, dass der richtige Zeitpunkt zum Aufbruch gekommen ist, dann geben Sie das Signal, um die Karawane in Bewegung zu setzen. Treten Sie den Weg in die Wüste an, und lassen Sie sich überraschen, was Ihnen auf Ihrer Reise so alles begegnen wird. Kennen Sie das Ziel schon oder nur die grobe Richtung? Konzentrieren Sie sich zuerst einmal auf die erste Etappe, bis zur ersten Oase, an der Sie rasten werden. Der Weg bis dorthin ist erlebnisreich genug. Sie sind nun schon sehr lange unterwegs, und es wird Zeit für die erste Rast. Die nächste

Oase, die sich zeigt, steuern Sie an. Mit welchen Gefühlen bewegen Sie sich auf sie zu? Worauf freuen Sie sich am meisten? Dort angekommen schlagen Sie in Ruhe Ihr Lager auf. Abends am Feuer lassen Sie Revue passieren, was Sie erlebt haben und was Ihnen auf der Reise bewusst wurde.

Wie betrachten Sie mit Distanz die Stadt, aus der Sie zuvor aufgebrochen sind? Freuen Sie sich über die Strecke, die bereits hinter Ihnen liegt, die Sie gemeistert haben, und auf die, die Sie noch meistern werden. Kommen Sie mit diesen Erkenntnissen zurück ins Hier und Jetzt, und öffnen Sie langsam die Augen.

Persönliche Notizen

Das Ego und das innere Kind

MEDITATION

Diese Meditation hilft Ihnen, wichtige Wesensanteile zu verknüpfen, damit diese Kräfte voneinander profitieren können und sich nicht gegenseitig aufheben.

Machen Sie es sich gemütlich, und entspannen Sie sich. Nehmen Sie Kontakt zu Ihrem inneren Kind auf, bis Sie es vor dem geistigen Auge sehen. Fragen Sie es, wie es ihm geht und ob es Lust hat, Ihren Dämonen kennenzulernen. Wenn es Ihre Frage bejaht, dann stellen Sie die beiden einander vor. Wie reagiert das innere Kind auf den Dämon, und wie reagiert der Dämon auf das innere Kind? Findet das Kind den Dämon lustig und ist neugierig, ob und wie man mit ihm spielen könnte? Beobachten Sie die Szene, und beobachten Sie auch, wie beide miteinander umgehen. Hat das innere Kind wider Erwarten Angst vor dem Dämon, dann hat dieser Ihnen das Zepter wieder abgenommen (siehe Kap. 4).

Wie könnten sich beide gegenseitig mit ihren Fähigkeiten unterstützen? Schauen Sie sich diese inneren Bilder in Ruhe an, und wenn Sie nicht weiterkommen, dann fragen Sie das Kind, ob es eine Idee zur Lösung hat. Auf welche Art und Weise kann der eine den anderen unterstützen? Wenn Sie zu einem befriedigenden Resultat gekommen sind, dann lösen Sie sich wieder von den inneren Bildern, und öffnen Sie langsam die Augen.

Sollten Sie zu keinem richtigen Ergebnis gekommen sein, dann wiederholen Sie diese Meditation ab und zu. Es könnte sein, dass Sie Ihr Ego noch nicht ganz unter Kontrolle haben und darum eine Verbindung zwischen dem inneren Kind und dem Dämon noch nicht möglich ist.

Persönliche Notizen

Erfüllt sein

MEDITATION

Diese Meditation hilft Ihnen, sich selbst das zu geben, was Sie gerade brauchen.

Machen Sie es sich bequem, und entspannen Sie sich. Haben Sie einen Lieblingssessel, oder gibt es eine Position, in der Sie am liebsten sitzen oder liegen? Stellen Sie sich vor, Sie würden in Ihrem Traumhaus auf Ihrem Lieblingssessel oder Lieblingssofa sitzen und ausspannen. Da fällt Ihr Blick plötzlich auf einen Schrank. Die Schranktüre steht ein wenig offen, und ein wunderschönes sanftes Licht scheint heraus. Sie stehen

*auf und gehen auf den Schrank zu. Neugierig öffnen Sie die
Tür und sehen dort mehrere Flaschen, die mit schönen, leuch-
tenden Flüssigkeiten gefüllt sind. Von Rot über Blau bis Grün
ist alles vertreten. Suchen Sie sich eine Flasche aus. Welche
gefällt Ihnen am besten? Welche Farbe zieht Sie magisch an?
Nehmen Sie sich die entsprechende Flasche heraus, öffnen Sie
diese, und trinken Sie sie aus.*

*Schließen Sie in Gedanken die Augen, und spüren Sie, wie die
Farbe durch den ganzen Körper fließt. Jedes Organ, jedes Kör-
perteil wird von dieser Farbe erfüllt und durchflutet. Nehmen
Sie die leere Flasche mit zu Ihrem Sessel oder Sofa, und legen
Sie sich wieder entspannt hin. Spüren Sie die Wirkung des Fla-
scheninhaltes noch? Wie fühlen Sie sich, nachdem die Farbe
Sie durchflutet hat? Schauen Sie sich jetzt die Flasche an.
Darauf klebt ein Etikett, welches Sie zuvor noch nicht gesehen
haben. Auf diesem Etikett steht ein einziges Wort. Was steht
dort geschrieben?
Der Begriff, den Sie nun sehen, bezeichnet das, was Sie zurzeit dringend brauchen. Durch die Wahl der Farbe und durch
die Übung, die Sie eben gemacht haben, haben Sie dieses spe-
zielle Bedürfnis selbst gestillt.
Sollten Sie nicht verstehen, warum Sie ausgerechnet das
brauchen, was auf der Flasche steht, so lassen Sie diese Information einfach zuerst einmal wirken. Warten Sie ab, welche
Gedanken in Ihnen aufkommen, welche Situationen Ihnen zu
diesem Stichwort einfallen? Lassen Sie die Farbe weiter in sich
wirken, und vertrauen Sie darauf, dass die Erkenntnisse, die
zu Ihnen wollen, den Weg ganz sicher finden. Nachdem Sie
noch ein wenig Zeit auf Ihrem Lieblingsplatz verbracht haben,
kommen Sie langsam aus Ihrem Traumhaus zurück in die Realität. Nehmen Sie Ihre Umgebung wieder bewusst wahr, und
öffnen Sie langsam Ihre Augen.*

Das eigene Licht

MEDITATION

Diese Meditation hilft Ihnen dabei, sich selbst zu erkennen und zu sehen, welche Kraft und welches Licht in Ihnen wohnt.

Suchen Sie sich einen Platz, an dem Sie eine Weile ungestört sind. Entspannen Sie sich, und warten Sie, bis auch Ihre Gedanken zur Ruhe kommen.
Stellen Sie sich nun vor, Sie würden schweben, Zeit und Raum existieren nicht mehr. Sie sind einfach da, ohne zu überlegen, was gestern war und was morgen sein wird. Irgendwann tun sich vor Ihrem geistigen Auge drei Türen auf. Auf einer steht Ihr Name, und durch die Ritzen dringt sehr helles Licht. Öffnen Sie die Tür, sobald Sie dazu bereit sind. Gehen Sie hindurch, und tauchen Sie ein in dieses wun-

derbare Licht. Baden Sie förmlich darin, bis jede Zelle Ihres Körpers davon durchströmt wird. Welche Farbe hat es? Wie fühlen Sie sich, während es durch Sie fließt und Sie ausfüllt? Erinnert Sie Ihr jetziger Zustand an irgendetwas? Genießen Sie einfach!

Baden Sie so lange in Ihrem Licht, bis Sie aufgeladen sind wie eine volle Batterie. Lösen Sie sich dann langsam aus Ihrem Lichtbad, und bewegen Sie sich wieder in Richtung Durchgang, durch den Sie zuvor gekommen sind. Wenn Sie die Tür mit Ihrem Namen wieder hinter sich gelassen haben, dann kehren Sie in den Raum zurück, in dem sich Ihr Körper augenblicklich befindet. Auch wenn es schwerfällt, bewegen Sie vorsichtig Finger und Zehen, und kommen Sie Stück für Stück zu sich, so lange, bis Sie mit Ihrem Bewusstsein wieder komplett angekommen sind. Öffnen Sie dann die Augen, und achten Sie darauf, wie es Ihnen jetzt im Vergleich zum Beginn der Meditation geht. Es war Ihr persönliches Licht, Ihr Glanz, in dem Sie gebadet haben. Kaum zu glauben!

Persönliche Notizen

Anmerkungen

[1]Geistiger Helfer:
Jeder Mensch besitzt das sogenannte höhere Selbst. Ich nenne es den geistigen Helfer, der seit meiner Geburt an meiner Seite ist. Jeder Mensch besitzt so eine geistige Unterstützung. Manche nennen sie den Schutzengel. Mir persönlich ist egal, wie sie heißt, Hauptsache, der Austausch funktioniert!

[2]Familienaufstellung:
Das ist eine Methode, durch die wirksame Strukturen sichtbar gemacht werden können, die entweder in Familien, Firmen oder auch in einem selbst herrschen. Man stellt Teilnehmer in einen vorher bestimmten Raum z.B. an die Stelle von einzelnen Familienangehörigen und verleiht ihnen somit eine Ausdrucksmöglichkeit. Dinge, die man sonst nicht fragen oder klären kann, können so verständlich und bildlich sichtbar gelöst werden. Derjenige, der als sogenannter »Stellvertreter« in eine Rolle kommt, stülpt sich das »morphogene Feld« dieser Person über und kann dadurch bestimmte Aussagen treffen, die zur Problemlösung beitragen. Jeder Mensch ist dazu in der Lage, weil jeder Mensch fühlen kann.

Danksagung

Um dieses Buch zu realisieren, war die Hilfe vieler Menschen nötig. Zwar habe ich es geschrieben, aber damit ich genau das tun konnte, haben mir einige Menschen den Rücken frei gehalten und mich unterstützt.

Zuerst möchte ich meinem Mann und meiner Tochter danken. Die beiden sind ein unschlagbares Team, und ich weiß, dass alles bestens ist, wenn sie zusammen sind. Weil mein Mann sich um unsere Tochter kümmerte und beide viel Rücksicht auf mich nahmen, konnte ich mich voll und ganz auf das Buch konzentrieren.

Das nächste Dankeschön geht an die Schweizer Omi Sylvia. Auch sie unterstützte mich auf verschiedenste Art und Weise, damit ich schreiben konnte. Wenn Not am Mann war, war sie zur Stelle.

Auch meine Freundinnen Jolanda und Katrin, die mich im Büro tatkräftig unterstützt haben, möchte ich hier erwähnen. Sie tippten und korrigierten, was das Zeug hielt. Danke für die Nachtschicht! Sie entlasteten mich, indem sie die ganze Büroarbeit übernahmen und ich mich in dieser Zeit um nichts kümmern musste. Ich kann mich immer voll und ganz auf sie verlassen und dafür bin ich sehr dankbar.

Ich möchte mich auf diesem Wege auch bei meinen Hunden Lucky und Balu bedanken, denn sie mussten hin und wieder ziemlich lange warten, bis ich Zeit für sie fand, aber auch da hat mich mein Mann sehr unterstützt.

Vielen Dank auch an alle diejenigen, die Korrektur gelesen und mir Komplimente für das Buch gemacht haben. Es hat mir viel Kraft und Antrieb gegeben und Freude gemacht.

Und noch einen speziellen Dank an meine Freundin und Co-Trainerin Victoria. Sie war jederzeit zur Stelle, wenn ich Schwierigkeiten mit dem Computer hatte. Sie gab mir sehr professionelle Tipps und hielt mir auch sonst den Rücken frei. Sie ist einfach immer für mich da! Danke!

Das größte Geschenk machte mir allerdings meine Mutter. Sie war sehr krank und ist nun auf dem Wege der Besserung. Sie ist ebenfalls immer für mich da, und ich hoffe, dass das auch noch lange so sein wird.

Ein spezielles Dankeschön geht an einen ehemaligen Freund. Ich machte bei ihm damals unter anderem ein Seminar zum inneren Kind. Ich erfuhr dort sehr viel Heilung, wodurch mir heute möglich ist, meine Arbeit so zu tun, wie ich sie tue. Ich kam endlich bei mir an und konnte mich von da an auf meine wirkliche Berufung konzentrieren. Danke, Jörg.

Ich möchte an dieser Stelle auch meinem geistigen Helfer Michael-san danken. Er verliert nie die Geduld mit mir und ist jederzeit an meiner Seite.

Außerdem danke ich meinem Vater, der mich während des Endspurts beim Schreiben dieses Buchs immer wieder motivierte und anfeuerte.

Sehr froh war ich auch über den hilfsbereiten Einsatz von Oliver Thoma aus Sassnitz. Er druckte mir trotz Umzugsstress wichtige Partien aus. Herzlichen Dank.

Katrin Ingrisch und Olivia Baerend vom Droemer-Knaur-Verlag, die an mich glauben, bin ich ebenfalls sehr dankbar. Sie gaben mir wertvolle Tipps und konstruktive Kritik, die ich sehr schätze! Alles lief wunderbar, danke.

Abschließend geht ein ganz besonderes Dankeschön an einen Menschen in der geistigen Welt, der mir unterstützend zur Seite gestanden und mich beim Schreiben dieses Buches immer wieder aufs Neue inspiriert hat.